C.H.BECK ■ WISSEN

in der Beck'schen Reihe

Die Europäische Union ist durch die Einführung des Euro zu einer unmittelbar erfahrbaren Realität geworden. Gleichzeitig gelten das Geflecht ihrer Institutionen, die langwierigen Entscheidungsprozesse und die Arbeitsweise der Bürokratie im fernen Brüssel als schwer durchschaubar. Dieses Buch erläutert klar und allgemeinverständlich die Geschichte und die sich stetig verändernde Struktur der europäischen Einigung. Auf eine Darstellung der politischen und geistigen Voraussetzungen der Integration folgt eine Beschreibung der Institutionen, Politikfelder und politischen Konzepte, die die politische Gestalt «Europa» ausmachen. Das letzte Kapitel ist der Frage nach der Zukunft Europas gewidmet. Karten, Grafiken, tabellarische Übersichten, eine Zeittafel und Literaturhinweise runden diese nützliche Einführung ab.

Dietmar Herz ist Ordinarius für vergleichende Regierungslehre an der Universität Erfurt. Zuvor war er Professor für Politikwissenschaft an der Universität Bonn (1997–2000), Gastdozent am *Helmut Kohl Institute for European Studies* in Jerusalem (1997) und Gastprofessor an der *Vanderbilt University* in Nashville, Tennessee (1999/2000). Zahlreiche Veröffentlichungen, u. a. «Die wohlerwogene Republik» (1999), «Thomas Morus zur Einführung» (1999) und «Das kurze amerikanische Jahrhundert» (1991). Bei C. H. Beck erschien «Palästina» (2. Aufl. 2001).

Dietmar Herz

DIE EUROPÄISCHE UNION

Verlag C. H. Beck

Mit 2 Karten

Die Deutsche Bibliothek – CIP-Einheitsaufnahme

Herz, Dietmar:
Die Europäische Union / Dietmar Herz. –
Orig.-Ausg. – München : Beck, 2002
(C. H. Beck Wissen in der Beck'schen Reihe ; 2159)
ISBN 3 406 44759 7

Originalausgabe

© Verlag C. H. Beck oHG, München 2002
Gesamtherstellung: Druckerei C. H. Beck, Nördlingen
Umschlagentwurf: Uwe Göbel, München
Printed in Germany
ISBN 3 406 44759 7

www.beck.de

Inhalt

Vorwort

«Es geht, ob wir es glauben oder nicht, wenn wir über Europa sprechen, letztlich um die Frage von Krieg und Frieden im 21. Jahrhundert.» Als Helmut Kohl im Februar 1994 den Erfolg der europäischen Integration zum wiederholten Male als eine Frage von Krieg und Frieden bezeichnete, wurde der Kanzler allenthalben belächelt. Daß die Einigung der europäischen Staaten in der Nachkriegszeit zum Frieden beigetragen hatte, wurde nicht bestritten; doch am Ende des Jahrhunderts erschien der erreichte, durch vielerlei Institutionen gesicherte Frieden als so unumstößlich und selbstverständlich, daß Kohls pathetische Beschwörung der Gründungsmotive der Europäischen Union anachronistisch klang.

Eine Lösung politischer oder wirtschaftlicher Streitfragen mittels Gewalt ist unter den Mitgliedstaaten der Europäischen Union in der Tat nicht mehr vorstellbar. Die Kriege und Konflikte an der europäischen Peripherie stellen die Union aber vor die Aufgabe, auch außerhalb ihrer Grenzen eine Integration der verfeindeten Staaten und Ethnien zu bewerkstelligen. Diese Integration, an deren Ende die Mitgliedschaft aller europäischen Staaten in der Union stehen könnte, ist die Voraussetzung eines ganz Europa umfassenden Friedens. Aber auch Gebiete weit außerhalb Europas sind von Bedeutung: Die Konflikte in Algerien, in den kurdischen Gebieten, in Israel und Palästina finden längst auch in Paris, Berlin und Rom statt. Dies war lange schon offensichtlich, aber erst die Terroranschläge auf das World Trade Center in New York und das Pentagon in Washington haben diese Erkenntnis zu einer von den meisten Politikern akzeptierten Tatsache gemacht. Europa ist – wie auch die USA – keine Insel der Seligen, deren Bewohner, wie die Spaziergänger in Goethes *Faust*, mit wohligem Grausen zur Kenntnis nehmen, «wenn hinten, weit, in der Türkei/Die Völker auf einander schlagen». Diese Kämpfe werden auch in unseren Gesellschaften ausgetragen. Die Bewältigung der globalen Herausforderungen erfordert ein gemeinsames Vorgehen der Europäer. Der Erfolg der Integration – auch verstanden als europäische Verantwortung in der internationalen Politik – ist derzeit erneut eine Frage von Krieg oder Frieden.

Das vorliegende Bändchen will die Geschichte und die sich stetig verändernde Struktur der europäischen Integration nachzeichnen. Auf eine Darstellung der politischen und geistigen Voraussetzungen der Integration folgt eine Beschreibung der Institutionen, Politiken und politischen Konzepte, die die politische Gestalt «Europa» ausmachen. Damit verwoben wird die Geschichte der Integration erzählt. Am Ende steht die Frage nach der Zukunft Europas.

Selbst ein so kurzer Text bedarf der Mitarbeit verschiedener Personen, denen zu danken ist. Dr. Ulrich Pohlmann und Michael Mertes haben die Recherchen wesentlich erleichtert. Veronika Weinberger und Andreas Blätte haben das Manuskript ganz oder zum Teil gelesen und zu vielen Verbesserungen beigetragen. Eckhart Arnold hat bei der Erstellung der Graphiken und des Anhangs mitgewirkt, und Kathrin Eisenhauer hat sich mit Geduld um das (nicht immer einfach zu lesende) Manuskript gekümmert. Mein Dank gilt auch Dr. Ulrich Nolte (C. H. Beck), dessen hervorragende Betreuung unseres gemeinsamen Vorhabens nicht genug gewürdigt werden kann. Einer Erwähnung bedarf schließlich die Mitarbeit von Christian Jetzlsperger. In zahllosen Gesprächen über die letzten Jahre hinweg haben sich meine Ansichten und Einsichten über die Europäische Union in Auseinandersetzung mit ihm entwickelt. Seine historischen Kenntnisse und sein politischer Scharfsinn haben zur Entstehung des Buches – an dessen Konzeption er mitgearbeitet hat – beigetragen. Die dennoch verbliebenen Fehler und Ungenauigkeiten und vor allem die politischen Bewertungen habe selbstverständlich ich selbst zu verantworten.

Erfurt, im November 2001   *Dietmar Herz*

I. Die Einheit Europas

1. Die Geburt Europas aus der Tragödie des Krieges

Am 19. März 1945 berichtete die amerikanische Journalistin Janet Flanner aus Köln: «Köln am Rhein ist nun ein Paradigma der Zerstörung. ... mit seiner schweren mittelalterlichen Pracht ist [es] in die Luft gesprengt worden. Im Schutt und in der Einsamkeit völliger physischer Zerstörung lehnt Köln, bar jeder Gestalt und schmucklos, an seinem Flußufer. Was von seinem Leben übriggeblieben ist, das kämpft sich mühsam einen Weg durch die zugeschütteten Seitenstraßen: eine geschrumpfte Bevölkerung, schwarz gekleidet und mit Bündeln beladen – stumm wie die Stadt.»

Wie in Köln und Aachen sah es fast überall in Europa aus. Der Kontinent lag in Trümmern. In Trümmern lag auch die überkommene europäische Politik. Die alten Großmächte England und Frankreich waren erschöpft, ihre Kolonialreiche lösten sich auf. Die USA und die Sowjetunion würden den Kontinent auf unabsehbare Zeit beherrschen; seine Teilung in zwei Einflußsphären war vorhersehbar. Deutschland war nicht nur physisch zerstört, der Nationalsozialismus hatte das Land auch moralisch zerrüttet. Die von Deutschen begangenen Verbrechen schlossen das Land aus der Gemeinschaft zivilisierter Völker aus. Die deutsche Staatsgewalt war von den Alliierten übernommen worden, das Reich besetzt und in Besatzungszonen aufgeteilt. Das Wiedererstehen eines eigenständigen deutschen Staates, gar eine Rückkehr Deutschlands in die europäische Politik schien undenkbar.

Die deutsch-französische Zusammenarbeit als Kern der Integration. Fünf Jahre später, am 9. Mai 1950, schlug der französische Außenminister Robert Schuman vor, «die Gesamtheit der französisch-deutschen Stahl- und Kohleproduktion unter eine gemeinsame Oberste Aufsichtsbehörde zu stellen, in einer Organisation, die den anderen europäischen Ländern zum Beitritt offen steht. ... Dieser Vorschlag», so fügte er hinzu, wird «den Grundstein einer europäischen Föderation bilden, die zur Bewahrung des Friedens unerläßlich ist.»

Zwischen dem Bericht Janet Flanners und der Initiative Robert Schumans, zwischen der totalen Niederlage Deutschlands und dem Beginn der deutsch-französischen Zusammenarbeit und der europäischen Integration liegt nur eine kurze Zeitspanne. Lange hatte es keineswegs so ausgesehen, als würde die *Grande Nation* sich zu einer Zusammenarbeit mit dem geschlagenen Feind bereitfinden. Im Gegenteil: Oberstes Ziel Frankreichs war es gewesen, das Wiederentstehen eines deutschen Staates zu verhindern, der sich zu einer erneuten Bedrohung würde entwickeln können. Deutschland sollte aufgeteilt und zerstückelt werden, und die aus dem alten Reich hervorgehenden politischen Gebilde sollten für lange Zeit unter internationaler Kuratel bleiben. Noch 1948 war die Vierte Republik nach Kräften bemüht, die Gründung der Bundesrepublik Deutschland so lange wie möglich zu verzögern.

Der Bruch in der französischen Deutschlandpolitik, den der Schuman-Plan symbolisiert, erscheint vollständig. Doch der Eindruck täuscht: Nicht alles hatte sich geändert. Schumans Konzeption ist durchaus aus der Gedankenwelt der Realpolitik erklärbar. Die neue französische Politik verfolgte zunächst das alte Ziel mit neuen Mitteln. Bereits 1948 hatte Pierre de Leusse, leitender Beamter im Pariser Außenministerium, für eine Neuorientierung der Deutschlandpolitik plädiert: «Wir können versuchen, unsere traditionelle, im wesentlichen negative Politik beizubehalten. ... Oder wir können versuchen, unseren alten Feind durch vertragliche Beziehungen an uns zu binden, Beziehungen, die uns ebenso verpflichten würden wie ihn, die uns aber wenigstens eine Interessengemeinschaft garantierten.» Der Grund hierfür war ein pragmatischer: Die «traditionelle, im wesentlichen negative Politik» hatte «keine Aussicht auf Erfolg mehr». Es führte kein Weg daran vorbei:

Frankreich mußte die Realitäten der internationalen Nach-kriegsordnung anerkennen. Die USA hatten im Kalten Krieg die Führung der westlichen Welt übernommen und drängten auf die Gründung eines westdeutschen Staates, der in der Lage wäre, einen eigenen Beitrag zur «Abwehr des Kommunismus» zu leisten. Frankreich war auf die Unterstützung der USA, militärisch wie finanziell, angewiesen; es mußte sich der ame-rikanischen Deutschlandpolitik fügen. Direkte Kontrolle durch Beherrschung war nicht mehr möglich – Frankreich entschied sich für indirekte Kontrolle durch Zusammenarbeit. Die Mon-tanunion, die gemeinsame Organisation des Marktes für Kohle und Stahl, sollte den Grundstein für diese neue französische Politik bilden.

Konrad Adenauer erkannte dieses Element der Kontrolle in dem französischen Vorschlag, akzeptierte es aber bereitwillig. Integration war der Preis, den die Bundesrepublik für eine Rückkehr in die europäische Politik zu bezahlen hatte. Zu-gleich mißtraute der Kanzler zutiefst der Fähigkeit und Bereit-schaft der Deutschen zu einem endgültigen und unwiderruf-lichen Verzicht auf jede Art von Gewaltpolitik. Schumans Vor-sicht war auch die seine. Nie wieder sollte Deutschland gegen Frankreich Krieg führen. Krieg war, das hatte der Zweite Weltkrieg gezeigt, im Ausmaß der Zerstörung nicht mehr zu beherrschen. Sollte ein dauerhafter Frieden erreicht wer-den, mußte Deutschland seine Sonderrolle in Europa ablegen und sich auf den «langen Weg nach Westen» (Heinrich August Winkler) begeben, zu einer demokratisch verfaßten Nation werden.

Auch die Vereinigten Staaten unterstützten und förderten den Integrationsprozeß von Beginn an: Nicht nur hätte es den Schuman-Plan ohne den amerikanischen Druck auf die fran-zösische Politik wohl nie gegeben. Der französische Vorschlag wurde von Washington schon allein deshalb willkommen geheißen, weil er eine Bündelung der ökonomischen Kräfte Westeuropas und die Schaffung von Vertrauen zwischen den ehemaligen Feinden versprach und somit die Allianz gegen die Sowjetunion nur stärken konnte.

Die europäische Integration war somit für alle Beteiligten Mittel zum Zweck. Ihren Kern aber bildete die deutsch-französische Versöhnung. Schuman wie Adenauer hatten erkannt, daß eine friedliche Neuordnung Europas nur durch einen dauerhaften Ausgleich zwischen Deutschland und Frankreich möglich war. Dieser Ausgleich war jene «deutsch-französische Zusammenarbeit», die der Publizist Ludwig Börne schon 1836 als Kern jeder europäischen Politik angemahnt hatte: «Das Schicksal weder Deutschlands noch Frankreichs wird nie einzeln festgesetzt und gesichert werden können», so hatte Börne geurteilt und hinzugefügt: «Der wäre ein geschickter Diplomat, dem es gelänge, den Frieden zwischen beiden Nationen zu vermitteln, dadurch, daß man sie bewegte, ein neues gleichartiges Ganzes zu bilden, ohne ihre bezeichnenden Eigenschaften aufzuopfern.» Ausgehend von ähnlichen Vorstellungen wollte Schuman noch einen weiteren Schritt tun. Das «neue gleichartige Ganze» sollte allen europäischen Staaten offenstehen. Dem Schuman-Plan lag der Gedanke zugrunde, daß die deutsch-französische Zusammenarbeit der Kern eines sich vereinigenden Europas sein würde. Die europäische Integration sollte sich in einem Wechselspiel mit einer immer engeren Kooperation der beiden Staaten entwickeln. Der jahrhundertealte, die europäische Politik über lange Zeit bestimmende Gegensatz zwischen Deutschland und Frankreich sollte so beseitigt werden.

Europa und der politische Katholizismus. Wenn die Versöhnung der Kriegsgegner und eine zukünftige Integration der europäischen Staaten dauerhaft Erfolg haben sollten, so mußten sie der europäischen Politik eine grundsätzlich neue Richtung geben. Was konnte an die Stelle der alten nationalstaatlichen Machtpolitik gesetzt werden? Der bloße Verweis auf die Wünsch- und Machbarkeit der Integration genügte zu ihrer Begründung nicht: Die europäischen Nationen mußten sich darüber hinaus ihrer Gemeinsamkeiten bewußt werden. Die offensichtlichste Gemeinsamkeit war das Christentum. Das galt zunächst für die führenden Politiker selbst. Robert Schuman und Konrad Adenauer waren – wie die meisten anderen «Gründerväter Europas» – tiefgläubige, in den Traditionen der katholischen Kirche verwurzelte Männer. Ihre religiösen Überzeugungen spiegelten sich in ihrer Politik wider. Das Christentum, vor allem der Katholizismus, bot sich aber auch aus anderen Gründen als Bezugspunkt an. Der antichristliche Nationalsozialismus und seine verbrecherische Politik hatten zu einer Besinnung auf die Grundwerte des Christentums geführt; eine «Renaissance» des Christentums in Europa war die Folge. Zudem stand die katholische Kirche nationalistischen Ideologien seit jeher ablehnend gegenüber. Sie war ihrem Wesen nach immer universalistisch und hatte die Nationalstaaten stets mit Skepsis betrachtet, auch wenn sie sich ihnen in der Geschichte des öfteren anbiederte und mit ihnen paktierte. Nun, da der Nationalismus – vor allem in Deutschland, aber auch in Italien – diskreditiert oder, wie in den siegreichen und befreiten Staaten Europas, doch keine Antwort auf die Fragen der Zukunft zu bieten schien, besannen sich viele Menschen auf die nationenübergreifende Tradition der Kirche. Der Nationalstaat konnte nicht mehr der alleinige Bezugspunkt der Politik sein. Neben ihn sollten gemeinsame, den Nationalstaat übergreifende Überzeugungen treten. Diese konnten auf den Universalismus der katholischen Kirche aufbauen. In der unmittelbaren Nachkriegszeit war dieser katholische «Universalismus» europäisch; er war nicht auf die großen katholischen Länder außerhalb Europas bezogen, sondern auf das alte katholische Europa. Spanien und Portugal, Italien, Frankreich, Belgien, Luxemburg, der katholische Teil Deutschlands und der Niederlande waren seine geographischen Bezugspunkte. Die «Einheit» dieser Gebiete war eine durchaus populäre Vorstellung – wenn auch nur vage formuliert und bis in die frühe Nachkriegszeit hinein ohne eine politische Konzeption zu ihrer Durchführung.

Allerdings war der Katholizismus der Nachkriegszeit sehr wohl politisch: In der Auseinandersetzung mit dem säkularen Nationalstaat des 19. Jahrhunderts und der Herausforderung durch den Sozialismus hatten katholische Denker schon früh eine politische Philosophie entwickelt. Diese blieb aber zunächst ohne Einfluß. Zwischen sozialistischen und nationalistischen Ideologien konnte der politische Katholizismus sich zwar in seinem eigenen Milieu behaupten; sich durchsetzen und über die Grenzen dieses Milieus ausgreifen konnte er aber erst nach dem Zweiten Weltkrieg. Dies lag auch an der veränderten Haltung der Amtskirche zum demokratischen Staat. Hatte die Kirche im 19. und zu Beginn des 20. Jahrhunderts Liberalismus und Demokratie bekämpft, so waren nach dem Ersten Weltkrieg neue Gegner christlicher Politik erschienen: seit der Russischen Oktoberrevolution von 1917 der sowjetische Kommunismus und schließlich der deutsche Nationalsozialismus. Angesichts dieser Bedrohung versöhnten sich die katholischen Parteien in der Zeit zwischen den Weltkriegen mit der Demokratie. Damit war die Grundlage für eine Mitwirkung an der Gestaltung des demokratischen politischen Systems der Nachkriegszeit gelegt. Christlich motivierte Politiker gründeten alsbald die christdemokratischen Parteien in den katholisch geprägten Staaten. In Deutschland und den Niederlanden, konfessionell gespaltenen Ländern, wurde sogar der Versuch unternommen, konfessionsübergreifende christliche Parteien zu gründen. Die Programmatik dieser Parteien wies beträchtliche Gemeinsamkeiten auf: Eine auf sozialen Ausgleich gerichtete Wirtschaftspolitik war als Alternative zu sozialistischen Vorstellungen ein wichtiger Bestandteil. Dem Sozialismus wurde dadurch begegnet, daß man sich seine reformistische Komponente zu eigen machte und wichtige sozialpolitische Forderungen der sozialistischen und sozialdemokratischen Parteien übernahm oder an die eigenen Vorstellungen anpaßte. Die bereits im 19. Jahrhundert entwickelte katholische Soziallehre diente nun als geistige Grundlage einer pragmatischen christdemokratischen Wirtschaftspolitik. Christliche Politik wurde als ein «dritter» Weg zwischen einem radikalen Liberalismus und dem Sozialismus sowjetischen Prägung verstanden.

In den katholischen Ländern wurde die Christdemokratie zur dominierenden politischen Kraft. Die Übereinstimmung ihrer politischen Überzeugungen und Programme führte darüber hinaus zu einer grundsätzlichen Übereinstimmung der Politik der westeuropäischen Länder. Zwischen den persönlichen Überzeugungen der führenden Staatsmänner, der Programmatik ihrer Parteien und der Politik der von ihnen geleiteten nationalen Regierungen herrschte in vielen Fragen Gleichklang.

Die «europäischen Heiligen». Schuman und Adenauer konnten den realpolitischen Anfängen der europäischen Integration eine geistige Grundlage geben, die im politischen Katholizismus wurzelte. An die Stelle von Krieg und gewaltsamer Machtpolitik wurde die Vision des geeinten Europas gesetzt. Zu den religiös-politischen Gemeinsamkeiten kam eine gemeinsame biographische Erfahrung, auf die die Väter der europäischen Integration, die der britische Historiker Alan Milward später mit einiger Ironie als die «europäischen Heiligen» bezeichnet hat, aufbauen konnten: Fast alle von ihnen waren in Grenzgebieten aufgewachsen und hatten die Auswirkungen von Krieg, Besatzung und Grenzveränderungen schon nach dem Ersten Weltkrieg am eigenen Leib erfahren. Robert Schuman war als zum Deutschen Reich gehörender Elsässer großgeworden, er sprach fließend Deutsch und kannte die deutsche wie die französische Kultur. Der italienische Ministerpräsident der Nachkriegsjahre, Alcide de Gasperi, war im österreichischen Trient geboren, das nach dem Ersten Weltkrieg Italien einverleibt wurde und ihn zum italienischen Staatsangehörigen machte. Auch ihm waren zwei Welten vertraut. Paul-Henri Spaak, sein belgischer Amtskollege, und der niederländische Außenminister Joseph Luns kannten als Vertreter kleiner Länder ohnehin Sprache und Kultur ihrer Nachbarn. Adenauer sah sich als Rheinländer in geographischer und geistiger Nähe zu Frankreich; sein Verhältnis zum preußisch-deutschen Zentralstaat war seit seiner Zeit als Oberbürgermeister von Köln (1917–1933) gebrochen. Alle «Gründerväter Europas» hatten die Zeit der Weltkriege als Katastrophe erlebt, weil in ihnen nationale Kulturen gegeneinander kämpften, die sie als zusammengehörig oder doch zumindest als gleichwertig empfanden. Durch Nationalismus und Krieg war

in ihren Augen die auf einer gemeinsamen sittlichen Grund-
lage beruhende europäische Einheit zerbrochen. Doch der
Krieg hatte auch deutlich gemacht, was die Folgen dieser
Entwicklung waren. In diesem Sinne gebar der Krieg Europa:
Nun konnte und mußte die Einheit «wiederhergestellt» wer-
den – in einem langwierigen und mühevollen Prozeß.

Der Schuman-Plan war also nicht nur das Ergebnis real-
politischer Überlegungen. Er war auch Ausdruck einer weitreichenden Vision: Sein Fernziel war die «Vereinigung der
europäischen Nationen», die Bildung «einer europäischen Föderation», basierend auf den gemeinsamen christlich-abend-
ländischen Wurzeln der westeuropäischen Staaten. Die Offen-
heit des Plans für neue Entwicklungen und vor allem der
Wille seiner Väter, diese Entwicklungen auch herbeizuführen,
machten ihn zum ehrgeizigsten Projekt der neueren europäischen Geschichte. Die Tragweite dieser Idee läßt sich an der
Reaktion Konrad Adenauers auf die französische Initiative
ablesen, die Jean Monnet, der eigentliche Urheber des Schuman-Plans, aus seiner ersten Unterredung mit dem deutschen
Bundeskanzler berichtet: «Monsieur Monnet», so soll der Kanzler zu seinem Gesprächspartner gesagt haben, «ich betrachte
den französischen Vorschlag als die wichtigste Aufgabe, die
vor mir steht. Sollte es mir gelingen, sie gut zu bewältigen, so
glaube ich, ich habe nicht umsonst gelebt.»

2. Die Geschichte des europäischen Gedankens

Die Idee eines vereinten Europa war keineswegs neu – wenn
auch nicht so alt wie der Name des Kontinents. Der Mythos
von der phönizischen Prinzessin, die von Zeus entführt und
aus ihrer asiatischen Heimat in ein Land gebracht wurde, dem
sie ihren Namen gab, deutet auf die Herkunft Europas aus
Asien. Ideengeschichtlich blieb der Mythos allerdings folgen-
los. Die Vorstellung eines gesonderten Europa, das sich von
anderen Räumen und Kontinenten unterscheidet, entwickelte
sich erst viel später, parallel zur Herausbildung der nationalen
Identitäten.

Die Antike und das Mittelalter kannten keine Vorstellung einer europäischen Identität. Erst in der Neuzeit wurden ältere historische Entwicklungen in diesem Sinne umgedeutet. Ein «europäisches Selbstverständnis» wurde nun schon in die Antike zurückprojiziert. Letztlich waren diese Erklärungen jedoch anachronistisch. Die Auseinandersetzungen zwischen den griechischen Stadtstaaten und den persischen Achämeniden waren keine Auseinandersetzungen zwischen «Europa» und «Asien»; den Kontrahenten fehlte die Vorstellung, daß Europa und Asien politisch oder kulturell abgeschlossene Räume sein könnten. Die «Welt» wurde als ganze gesehen: Ägypten, Kleinasien, Griechenland und Sizilien bildeten in der griechischen Antike eine Einheit, die durch Kolonisation und Auseinandersetzungen ständig erweitert wurde. Erst eine spätere Zeit hat die Konflikte antiker Herrschaftssysteme zur ersten Selbstbehauptung Europas stilisiert. Auch das zuletzt den ganzen Mittelmeerraum umfassende Römische Reich bildete eine aus asiatischen, afrikanischen und europäischen Provinzen bestehende Einheit, die auf der hellenistischen Kultur, den Strukturen einer hoch entwickelten Verwaltung, dem römischen Recht und nicht zuletzt dem römischen Militär beruhte. Als das Reich zerbrach, trat das Christentum als einheitsstiftendes Band an seine Stelle. Die Konflikte der christlichen Welt waren Binnenkonflikte; die Einheit der Welt konnte nur durch religiöse Spaltung oder fremde Religionen gefährdet werden. Das Schisma mit den Kirchen des Ostens, das Vordringen des Islam und schließlich die Reformation zerstörten die Einheit dieses Raumes, den einst das Römische Reich beherrscht hatte. Im Westen und Norden Europas bildeten sich Staaten, die ein geschlossenes Territorium beherrschten. Gleichzeitig entstand die Vorstellung von «Europa» als einem System solcher Staaten. «Europa» war bis zur Reformation bloß ein geographischer Begriff gewesen. Erst jetzt, als Folge der Entstehung von Staaten und ihrer Auseinandersetzung mit der nichtchristlichen Welt – vor allem dem Osmanischen Reich –, entstand ein Bewußtsein von Europa. Aus dem geographischen Begriff «Europa» wurde

der eines politisch und religiös-kulturell bestimmten Staaten-
systems.

Europa als Gegenbild zu Asien. Mit der Entdeckung Asiens
als kulturellem Raum begann im 18. Jahrhundert eine zweite
Phase der europäischen Bewußtwerdung. Der Begriff «Europa» entwickelte sich nun in Abgrenzung von asiatischen Kulturen, Sprachen und Religionen. War die Welt außerhalb
Europas bisher schlicht als anders und nicht-zugehörig verstanden worden, so entwickelte sich nun eine mit Werturtei-
len behaftete Vorstellung von der außereuropäischen Welt.
Die Unterschiede zwischen Europa und Asien – Afrika und
Amerika spielten zunächst kaum eine Rolle – wurden deutlicher wahrgenommen. Anfangs war die Abgrenzung mit Be-
wunderung verbunden. Asien galt als das Ursprungsgebiet
der Hochreligionen und großer kultureller Errungenschaften.
Mit den militärischen und wirtschaftlichen Erfolgen der europäischen Staaten im 19. Jahrhundert machte diese Auffassung
aber einer anderen Deutung Platz. Koloniale Herrschaft,
Industrialisierung und wirtschaftlicher Fortschritt in Europa
weckten europäische Überlegenheitsgefühle. Europa wurde zum
Gegenbild einer als rückständig und barbarisch angesehenen
Welt. Gegenüber den «barbarischen Völkern» nahm Europa
sogar einen zivilisatorischen Auftrag in Anspruch. Im Rück-
blick wurde nun die Auseinandersetzung mit dieser Welt als
Abwehr ständiger Bedrohungen interpretiert. Schon immer
schien man in Europa von asiatischen Völkern bedroht: den
Persern und Parthern in der Antike, den Hunnen in der Völ-
kerwanderungszeit, den Arabern und Mongolen im Mittelalter, schließlich den Türken in der frühen Neuzeit. Rück-
blickend entwickelte sich so das Bild eines «überlegenen
Europa», das angesichts der Schrecken und Drohungen der
Gegenseite umso heller strahlte. Europa entstand, so behaup-
tete man, im Kampf mit den Angreifern aus dem Osten.
  Besonders augenfällig wird diese Vorstellung, betrachtet
man die Haltung der Europäer zu den in Asien und Europa
lebenden Türken. Das Osmanische Reich galt in der frühen

Neuzeit als ein Land, das außerhalb der (christlichen) Staatenwelt stand. So urteilte noch Johann Gottfried Herder in seinen *Ideen zur Philosophie der Geschichte der Menschheit* Ende des 18. Jahrhunderts: «Die Türken, ein Volk aus Turkestan, ist trotz seines mehr als dreihundertjährigen Aufenthalts in Europa diesem Weltteil noch immer fremde. ... Durch ihre Anfälle auf die Europäischen Mächte haben sie dieselbe Jahrhunderte lang in Tapferkeit wachend erhalten und jeder fremden Alleinherrschaft in ihren Gegenden vorgebeuget; ein geringes Gute gegen das ungleich-größere Übel, daß sie die schönsten Länder Europa's zu einer Wüste, und die einst sinnreichsten griechischen Völker zu treulosen Sklaven, zu liederlichen Barbaren gemacht haben. Wie viele Werke der Kunst sind durch diese Unwissenden zerstört worden! wie vieles ist durch sie untergegangen, das nie wiederhergestellt werden kann. Ihr Reich ist ein großes Gefängnis für alle Europäer, die darin leben; es wird untergehen, wenn seine Zeit kommt. Denn was sollen Fremdlinge, die noch nach Jahrtausenden asiatische Barbaren sein wollen, was sollen sie in Europa?» Bereits im 16. und 17. Jahrhundert paktierten allerdings einige christliche Herrscher, der französische voran, mit der Hohen Pforte. Die von Herder geäußerte Ansicht war nie die alleinige, aber in ihrem Kern blieb sie bestehen. Gerade die zunehmende Schwäche des Osmanischen Reiches, des «kranken Mannes am Bosporus», schien die Vorurteile zu bestätigen.

Europa und der Nationalstaat. Der Begriff «Europa» entwickelte sich also *ex negativo*. Es kam nicht darauf an zu beschreiben, was Europa ist, sondern was es nicht ist. Die Herausbildung eines europäischen Selbstverständnisses folgte damit dem Muster nationaler Identitätsbildung. Identitäten sind Völkern nicht vorgegeben. Bei den Nationen handelt es sich nicht um reale Einheiten, die seit unvordenklichen Zeiten existieren, sondern um sich verfestigende Vorstellungen, um «eingebildete Gemeinschaften» (Benedict Anderson). Nationale Identität ist somit eine ständig fortzusetzende Konstruktion, die Entstehung von Nationalstaaten das Resultat von Politik. Dieser Prozeß verläuft zumeist nicht friedlich. Denn um die Gemeinsamkeiten im Inneren stärker zur Geltung zu bringen, erfordert die damit verbundene «emotionale Vergemeinschaftung» (Max Weber) immer eine Abgrenzung nach außen. In Europa begann die Herausbildung des Nationalstaats mit der Entstehung des modernen Einheits- und Zentralstaats seit dem 16. Jahrhundert; er fand seinen Höhepunkt in der Verbindung von Staat und Nation in der zweiten Hälfte des 19. Jahrhunderts. In anderen Weltgegenden dauert dieser Vorgang bis heute an, und auch in Europa ist der Prozeß der Bildung von Nationalstaaten und nationalen Identitäten keineswegs abgeschlossen, wie der Zerfall Jugoslawiens und der Sowjetunion zeigt.

Zu Anfang verliefen also die Konstruktionen nationaler und europäischer Identitäten parallel. Mit der Zeit gerieten aber beide Vorstellungen in Widerspruch zueinander. Die nationale Identität duldete keine anderen Identitäten neben sich. Im Laufe des 19. Jahrhunderts überlagerte und verdrängte der Gedanke des Nationalstaats die europäische Identität. Die Schaffung nationalstaatlicher Identitäten war durch den Rückgriff auf Sprache und ethnische Herkunft und durch die politische Machtkonzentration in klar umrissenen geographischen Räumen leichter zu bewerkstelligen. Die Nation wurde zum wichtigsten Bezugspunkt der Politik; die Beziehung zu Europa wurde im Nationalstaat auf einen vage definierten kulturellen Aspekt beschränkt. Die Vertreter des nationalen Gedankens betonten immer mehr den Aspekt der (unterschiedlichen) Nation, nicht den des (ähnlich strukturierten) Staates; die Nation wurde wichtiger als der Staat. Nationalismus führte so zum Wettbewerb und zum Kampf der Nationen um die Vormachtstellung in Europa (und schließlich in der Welt). Die Epoche des Nationalstaats sah daher mehrfach den Versuch, die dauerhafte Hegemonie *eines* Nationalstaats zu errichten.

Der Begriff «Europa» wurde für diese Politik, wo es möglich erschien, instrumentalisiert. Der Europagedanke diente als Begründung und Vorwand für Hegemoniepolitik, ebenso aber auch als Gegenmodell zur Abwehr von Hegemonieansprüchen. So verwies Napoleon zur Begründung seiner Eroberungspolitik auf Europa: Seine Ägyptenexpedition von 1798 sah er als Vormarsch Europas, das im wissenschaftlich-technischen Fortschritt und in den Idealen der Französischen Revolution seine wahre Gestalt gefunden hatte. Diese Errungenschaften sollten Europa unter seiner Herrschaft einen und auch den Völkern außerhalb Europas nahegebracht werden. Solchermaßen begründete der Kaiser der Franzosen später auch den Rußlandfeldzug. Die französischen Konsuln im Osmanischen Reich – diejenigen in Bosnien hat Ivo Andric in *Wesire und Konsuln* mit großer Genauigkeit beschrieben – traten mit der Sicherheit eines solchen Selbstverständnisses auf. Gleichzeitig führte die napoleonische Politik aber zu einer sich ebenfalls auf Europa berufenden Gegenreaktion. Novalis, Arndt, Gentz und die Brüder Schlegel im deutschsprachigen Raum, Coleridge und Wordsworth in England oder Madame de Staël in Frankreich entwarfen «europäische» Alternativen zur politischen Zersplitterung des Kontinents einerseits, der Eroberungspolitik Napoleons andererseits. Der auf den Ideen der Revolution und des Fortschritts beruhenden Rhetorik Napoleons setzten diese Schriftsteller und politischen Denker der Romantik ihre Vorstellung einer europäischen Einheit entgegen. Die Suche nach Gemeinsamkeiten, auf denen Europa beruhen konnte, führte dabei immer wieder zur vorreformatorischen Kirche zurück, der Garantin der idealisierten abendländischen Einheit. Novalis' *Die Christenheit oder Europa* ist ein beredtes Zeugnis für die Sehnsucht nach einem vereinten Europa auf der Grundlage religiöser Einheit. Nur die Einheit der Christen könne, so Novalis in seiner Schrift, eine Epoche des Friedens schaffen. Eine erneuerte Kirche bringe zugleich die Einheit Europas mit sich: «Nur die Religion kann Europa aufwecken und die Völker sichern, und die Christenheit mit neuer Herrlichkeit sichtbar auf Erden in ihr altes friedenstiftendes Amt installiren.» Romantiker wie Novalis verkannten jedoch, daß ein Rückschritt hinter die Französische Revolution nicht möglich war. Ihr Bild von Europa war der Traum von Dichtern, nicht ein wirklich politisches Programm.

Der Wiener Kongreß und die Restauration führten den Romantikern schnell vor Augen, daß eine europäische Einigung so bald nicht möglich sein würde. Zur Kritik an den Ideen Napoleons trat die Kritik an der Restauration. Diese Kritik setzte sich – wie etwa Joseph Görres' *Europa und die Revolution* (1821) – mit Revolution und Restauration gleichermaßen auseinander. Revolution wie Gegenrevolution wurden nun als «europäische Phänomene» verstanden. Eine vermittelnde Position konnte daher nur in einem europäischen Rahmen gedacht werden. Europa blieb somit zunächst zwar nach wie vor ein wichtiger Bezugspunkt. An die Stelle der Vorstellungen von der Einheit Europas traten aber schon bald Reflexionen über *Das Europäische Staatensystem* – so beispielsweise der Titel einer Schrift Julius Fröbels von 1864. Die Nationalstaaten – zu denen alsbald Italien und Deutschland, später die Staaten Südost- und schließlich Osteuropas hinzukamen – waren der Rahmen für jegliches politische Handeln. An eine politische Einheit Europas war nicht mehr zu denken. Vorherrschend war ein radikalisierter Nationalismus. Dies galt nach außen ebenso wie nach innen: Von wem vermutet wurde, er erkenne Autoritäten über und jenseits der Nation an oder betone nicht Abgrenzung und nationale Eigenheiten, sondern Übergreifendes, der wurde als «vaterlandsloser Geselle» beschimpft. In Deutschland traf dieses Verdikt Katholiken wie Sozialisten gleichermaßen. Beide Gruppen wurden von der Politik Bismarcks als «Reichsfeinde» ausgegrenzt – die Katholiken wegen ihrer «ultramontanen» Orientierung auf den Papst in Rom, die Sozialdemokraten wegen ihrer internationalistischen «Solidarität der Arbeiterklasse».

Eine Renaissance erlebte der europäische Einigungsgedanke nach dem Ersten Weltkrieg, und wiederum geschah dies in Reaktion auf die Hegemoniebestrebungen einzelner europäischer Nationen. Das deutsche Kaiserreich war mit dem klaren Ziel in den Krieg gezogen, zur unbestrittenen Führungsmacht Europas zu werden. Bei allen Unterschieden im Detail strebte doch nahezu die gesamte politische und geistige Elite des Reichs einen «Siegfrieden» an, der Deutschland nicht nur umfassende Gebietsgewinne, sondern auch die Kontrolle über die europäische Wirtschaft einbringen sollte. Reichskanzler Theobald von Bethmann-Hollweg formulierte schon 1914 seine Kriegsziele: «Es ist zu erreichen die Gründung eines mitteleuropäischen Wirtschaftsverbandes durch gemeinsame Zollabmachungen, unter Einschluß von Frankreich, Belgien, Holland, Dänemark, Österreich-Ungarn, Polen und eventuell Italien, Schweden und Norwegen. Dieser Verband, wohl ohne gemeinsame konstitutionelle Spitze, unter äußerlicher Gleichberechtigung, aber tatsächlich unter deutscher Führung, muß die wirtschaftliche Vorherrschaft Deutschlands über Mitteleuropa stabilisieren.» Ansprüche dieser Art wurden zunächst in den Schlachtfeldern Flanderns und Nordfrankreichs begraben, erlebten jedoch schon bald nach dem Großen Krieg eine Wiederauferstehung. Auf der anderen Seite des Rheins betrieb Georges Clemenceau nach dem Krieg eine ähnliche Hegemoniepolitik mit anderen Mitteln. In dem Bestreben, Sicherheit vor Deutschland zu erlangen, versuchte Frankreich, sich eine dominierende Stellung auf dem Kontinent zu sichern. Das Reich sollte dauerhaft geschwächt, die mittel- und osteuropäischen Staaten sollten fest als Bündnispartner an Frankreich gebunden werden.

Vor diesem Hintergrund beiderseitiger Hegemonieansprüche entwickelte der böhmische Graf Richard von Coudenhove-Kalergi im Jahr 1922 seine Vision von einem einigen, sich nicht in «Bruderkämpfen» verzehrenden «Pan-Europa». Die Vorstellung vom geeinten Kontinent war bei ihm untrennbar mit dem Ideal des Friedens in Europa verbunden. Dies war auch der Traum Novalis' vom christlichen Europa gewesen, doch hatte die Erhaltung des Friedens nun eine viel größere Dringlichkeit erhalten. Denn mit dem Ersten Weltkrieg hatte eine Entwicklung ihren vorläufigen Abschluß gefunden, die das Gesicht des Krieges tiefgreifend verändert hatte. Aufgrund des waffentechnischen Fortschritts im 19. Jahrhundert kostete die Kriegführung weit mehr Menschenleben, als dies bis dahin die Regel gewesen war. Immer größere Armeen wurden mit Waffen mit immer größerer Zerstörungskraft ausgerüstet. Mit Maschinengewehren, weitreichender Artillerie, Granaten und schließlich Flugzeugen waren Waffensysteme erfunden worden, gegen die es kaum wirksamen Schutz gab. Schließlich wurden sogar chemische Kampfstoffe entwickelt und im Ersten Weltkrieg erstmals eingesetzt. Hinzu kam der zum Chauvinismus entartete Nationalismus, der ganze Völker zu «Feinden» werden ließ. Die moderne Kriegführung traf die Zivilbevölkerung in viel größerem Ausmaße als in früheren Jahrhunderten. Sie wurde in die Militärstrategie einbezogen – und hatte unter den Auswirkungen der Kampfhandlungen zu leiden. Der Erste Weltkrieg führte dies drastisch vor Augen. Einen solchen Krieg zu verhindern wurde in der ersten Hälfte des 20. Jahrhunderts zum wichtigsten Ziel der Politik; es manifestierte sich beispielsweise in dem (viel zu) langen Zögern der westlichen Großmächte, dem nationalsozialistischen Deutschland gegenüber eine entschiedene Haltung einzunehmen.

Dennoch fanden die Vorstellungen Coudenhove-Kalergis in die tatsächliche Politik der Zwischenkriegszeit keinen Eingang. Zwar schlug der französische Außenminister Aristide Briand 1929 eine «Art von europäischer Föderation» vor und legte ein Jahr später ein «Memorandum über die Organisation eines Regimes einer Europäischen Föderalen Union» vor. An eine Realisierung der Idee war jedoch nicht zu denken: Die Weltwirtschaftskrise drängte alle anderen Fragen in den Hintergrund, und der Aufstieg des Nationalsozialismus in Deutschland machte alle Spekulationen über eine europäische Zusammenarbeit zur Makulatur.

Der von Adolf Hitler vom Zaun gebrochene Zweite Weltkrieg war noch einmal der Versuch eines Landes, Europa zu beherrschen. Wieder geschah dies auch im Namen Europas: Die NS-Propaganda stellte dem Bild der «bolschewistischen Horden Asiens» das unter deutscher Führung «geeinte» Europa gegenüber – freilich ein auf rassischen Grundsätzen basierendes Europa. Dennoch konnte die Propaganda der Nationalsozialisten an alte Vorstellungen von der «asiatischen Gefahr» anknüpfen. In erster Linie wurde die propagierte Einheit auf wirtschaftlichem Gebiet hergestellt: Das von Deutschland kontrollierte Europa wurde zu einem wirtschaftlichen Großraum «integriert», um für die deutschen Kriegsanstrengungen ausgebeutet zu werden.

Wiederum diente die Metapher des geeinten Europa aber auch als Gegenentwurf. Der nationalsozialistischen Konzeption vom «Neuen Europa» unter deutscher Herrschaft mit ihrem umfassenden Zwangscharakter stellten die europäischen Widerstandsgruppen ihre Idee von der demokratisch verfaßten Gemeinschaft der gleichberechtigten Staaten Europas entgegen. Diese Gedanken fanden Eingang in verschiedene Deklarationen und Manifeste. Autoren wie Léon Blum oder Altiero Spinelli waren davon überzeugt, daß die Abhängigkeiten innerhalb Europas für die Zukunft eine Begrenzung der Souveränität der Staaten erforderten. Allein eine europäische Föderation mit starken Zentralinstanzen und einer europäischen Armee könne Frieden, Demokratie und eine gerechte Reform der Gesellschaft garantieren.

Der Europagedanke in der Nachkriegszeit. Ein Jahr vor Kriegsende, im Frühjahr und Sommer 1944, arbeiteten Widerstandsgruppen aus neun europäischen Staaten, darunter Deutschland, eine gemeinsame Erklärung aus. Sie berief sich auf gemeinsame Ziele, wie sie 1941 in der Atlantik-Charta vom britischen Premierminister Winston Churchill und dem amerikanischen Präsidenten Franklin D. Roosevelt verkündet worden waren: Demokratie, soziale Gerechtigkeit und Achtung der Menschenrechte. Diese Ziele aber könnten «nur erreicht werden, wenn die verschiedenen Länder der Welt sich bereit erklären, das Dogma der absoluten Staatssouveränität abzustreifen.» Da der Schlüssel zum Frieden in Europa liege, sei zunächst eine mit starken Institutionen ausgestattete europäische «Bundesordnung» vonnöten, an die sämtliche außen- und sicherheitspolitischen Kompetenzen abzutreten seien.

Neben die Pläne der Widerstandsgruppen traten nach Kriegsende alsbald auch Vorstellungen, die Europa eine geistige Einheit geben wollten. Werner Bergengruen hat ihnen

1948 in einer Rede *Über Abendländische Universalität* Ausdruck verliehen. Europa ist darin, wie Reinhold Schneider das später (1957) bezeichnen sollte, eine Lebensform, die Eigenständigkeit und Universalität miteinander verbindet. Europa ist ein «geistiger Prozeß», in dessen Mittelpunkt in Bergengruens Augen die allgemeingültige Botschaft des Christentums steht. Das Christentum weist zwar weit über Europa hinaus, es hatte der europäischen Welt aber in Jahrhunderten ihre einheitliche Form gegeben: «Was wir unter Abendland verstehen, das ist die Welt, wie sie durch die Botschaft des Heils angerührt wurde .... Es ist jene Welt, die von den Perserkriegen an gewohnt ist, dem springflutartigen Ansturm nur elementarisch bewegter Menschenaufhäufungen die Kräfte des ordnenden, das heißt des geformten und formenden Geistes entgegenzusetzen.» Das Konzept ist durchaus ambivalent. Der Hinweis auf die Perserkriege knüpft an die unheilvolle europäische Tradition an, sich in der Abwehr gegen andere Kulturen zu verstehen. Ohne daß dies gesagt wird scheint doch durch, daß sich Europa erneut in der Rolle des Verteidigers sieht – abermals gibt es am Beginn des Kalten Krieges die «Bedrohung aus dem Osten»: die kommunistische Sowjetunion. Allerdings betont Bergengruen nicht nur die Notwendigkeit der Abwehr fremder Gefahr. Die katholische Soziallehre – und damit die Überwindung der Klassengegensätze – wird in seiner Interpretation ebenfalls zu einem Moment der europäischen Selbstbehauptung: «Und hier möchte ich ... eines wahrhaft epochalen abendländischen Ereignisses ... gedenken .... Ich meine den Erlaß der Enzyklika *Rerum novarum* durch Papst Leo XIII. am 15. Mai 1891 und die in ihr erhobene Forderung nach einer gerechten, die Würde des Menschen achtenden Regelung der Beziehungen zwischen Arbeitnehmenden und Arbeitgebenden.» Das christliche Europa ist eine eigenständige Lebensform zwischen Sozialismus und Kapitalismus. Die Rede faßt alle Elemente zusammen, die zur Begründung der europäischen Integration in der unmittelbaren Nachkriegszeit herangezogen worden sind: die Überwindung des Krieges als Mittel der europäischen Politik, die sittliche und einigende Kraft des Christentums, den Ausgleich zwischen den Klassen im Geiste der katholischen Soziallehre, die Universalität Europas und seiner Werte. Die europäische Integration hatte ihren Begriff gefunden.

Dennoch: Die Idee der europäischen Einheit, so verbreitet sie in der Endphase des Krieges und der unmittelbaren Nachkriegszeit auch war, wurde zunächst politisch nicht wirksam. Keineswegs alle politischen Kräfte fühlten sich diesem Ziel verbunden. Die Kommunisten etwa lehnten den Gedanken eines europäischen Zusammenschlusses ab; sie strebten vielmehr eine neue Kommunistische Internationale unter Führung Moskaus an. Die Führer des Widerstands in den befreiten Ländern Europas sahen ihre wichtigste Aufgabe im Wiederaufbau ihrer Länder – im Rahmen des Nationalstaats. Auch Roosevelt und Stalin standen Initiativen für eine europäische Einigung ablehnend gegenüber. «Europa» blieb auch nach dem Zweiten Weltkrieg zunächst nur eine Idee. Um wirkmächtig zu werden, bedurfte sie der Unterstützung der Realpolitik. Erst der Kalte Krieg schuf hierfür die Rahmenbedingungen. Die berühmt gewordene Zürcher Rede von Winston Churchill, in der er im September 1946 forderte, «etwas wie die Vereinigten Staaten von Europa [zu] schaffen», stand in diesem Kontext: Nur wenige Monate zuvor hatte Churchill in Fulton (Missouri) festgestellt, in Europa sei «ein eiserner Vorhang» niedergegangen. Die von ihm geforderte Einheit Europas sollte der Abwehr des sowjetischen Vordringens dienen. Ohne diese Wahrnehmung einer neuerlichen «Bedrohung aus dem Osten», die der Westhälfte Deutschlands eine neue Bedeutung zuwies, wäre der Schuman-Plan undenkbar.

3. Der Weg nach Rom

Am 18. April 1951 wurde in Paris das Produkt des Schuman-Plans, der Vertrag über die Gründung der Europäischen Gemeinschaft für Kohle und Stahl (EGKS), unterzeichnet; er trat zum Jahreswechsel 1951/52 in Kraft. Zum ersten Mal wurde damit eine supranationale Organisation geschaffen: Die sechs

Gründungsstaaten – Belgien, die Bundesrepublik Deutschland, Frankreich, Luxemburg, Italien und die Niederlande – gaben einen großen Teil ihrer souveränen Rechte im Bereich der Montanpolitik auf und übertrugen diese Kompetenzen einer autonomen «Hohen Behörde».

Jean Monnet, der als Beauftragter der französischen Regierung die Verhandlungen geleitet hatte, war seit langem von der Notwendigkeit einer (wie auch immer gearteten) europäischen Integration überzeugt. Seine Herkunft und seine große politische Erfahrung machten ihn zum idealen Anwalt Europas. Monnet stammte aus einer wohlhabenden französischen Industriellenfamilie. Bereits im Ersten Weltkrieg hatte er wichtige Funktionen in der Koordination der Kriegsanstrengungen der Entente-Mächte ausgeübt. In der Zwischenkriegszeit war er für einige Jahre Stellvertretender Generalsekretär des Völkerbundes, und bei Kriegsausbruch 1939 wurde er erneut zu einer Schlüsselfigur im Hintergrund der alliierten Kriegführung. 1940 entwarf er, kurz vor dem Zusammenbruch Frankreichs, den kühnen Plan einer französisch-britischen Union; nach einigen Jahren in den Vereinigten Staaten, wo er als Vertreter des britischen *Supply Council* amerikanische Lieferungen an Großbritannien sicherstellen sollte und für den Kriegseintritt der USA lobbyierte, schloß er sich 1943 in Nordafrika dem Lager de Gaulles an. Nach Kriegsende war er als *Commissaire au Plan* der französischen Regierung mit der Modernisierung der französischen Wirtschaft beauftragt.

Monnets Hoffnung auf die Gründung weiterer Organisationen schien sich schon bald auf einem besonders symbolträchtigen Feld zu erfüllen. Noch während der Verhandlungen über den EGKS-Vertrag, im Oktober 1950, legte der französische Premierminister René Pleven einen Plan für eine «Europäische Verteidigungsgemeinschaft» (EVG) vor. Damit sollte die Gründung einer eigenständigen deutschen Armee – von der seit längerem in Washington, London und auch Bonn die Rede war – verhindert und gleichzeitig dem amerikanischen Drängen auf eine zügige Wiederaufrüstung der Bundesrepublik Rechnung getragen werden. Auch bezüglich der deutschen

Wiederbewaffnung hatte sich der französische Widerstand gegen diese Politik alsbald als zwecklos erwiesen, zumal der Koreakrieg, der am 25. Juni 1950 mit dem Einmarsch kommunistischer Truppen in den Süden Koreas ausgebrochen war, die Furcht vor einer kommunistischen Expansion auch in Europa angefacht hatte. Das Modell zur Lösung des Zielkonfliktes – deutscher Verteidigungsbeitrag einerseits, keine eigene deutsche Armee andererseits – war schnell gefunden: eine Europäische Verteidigungsgemeinschaft nach dem Modell der im Entstehen begriffenen Montanunion. Ihr Kern sollte eine europäische Armee unter einem einheitlichen Oberbefehl sein. Am 27. Mai 1952 wurde, wieder in Paris, ein Vertrag über die Bildung der Europäischen Verteidigungsgemeinschaft unterzeichnet.

Die Bundesregierung war ihrem realpolitischen Ziel – der Wiedererlangung der staatlichen Souveränität und der Wiedereingliederung in die europäische Politik – damit ein gutes Stück näher gekommen. Zugleich hatte Adenauer damit nicht nur die (zumindest teilweise) Rehabilitation Deutschlands erreicht, sondern er hatte auch die deutsche Politik für die Zukunft «gefesselt». Eine von ihm für gefährlich erachtete außenpolitische Bindungslosigkeit des demokratisch noch keineswegs gefestigten Staatswesens war weitgehend ausgeschlossen.

Der Vertrag über die Verteidigungsgemeinschaft litt jedoch aus deutscher Sicht auch an beträchtlichen Schönheitsfehlern. Im Gegensatz zur EGKS trug die EVG nämlich diskriminierende Züge: Während die anderen Mitglieder nationale Truppen für bestimmte Aufgaben behalten durften, war dies für die Bundesrepublik ebensowenig vorgesehen wie ihre eigenständige Mitgliedschaft in der NATO. Militärische Fachleute hielten zudem die Doppelstruktur von EVG und NATO für höchst fragwürdig, und die kaum vorhandene Einbindung des Projekts in politische Strukturen auf europäischer Ebene vervollständigte das negative Bild auch in anderen europäischen Staaten.

Um den letztgenannten Mangel zu beheben, ergriff Alcide de Gasperi die Initiative zur Ausarbeitung einer Satzung für eine «Europäische Politische Gemeinschaft» (EPG). Eine «Ad-hoc-Versammlung» erhielt den Auftrag, einen Entwurf vorzulegen. Als sie dies am 10. März 1953 tat, war die Büchse der Pandora geöffnet. Denn die Vorstellungen darüber, was die EPG leisten sollte, gingen weit auseinander. Der Satzungsentwurf war ein Minimalkompromiß, der der EPG kaum Kompetenzen zuwies, die über die Befugnisse der EGKS und der EVG hinausgingen. Es wurde Widerspruch erhoben: Den Niederländern fehlte in dem Entwurf eine klare Regelung für den wirtschaftlichen Zusammenschluß Europas; ihr Wunsch nach Schaffung eines gemeinsamen Marktes scheiterte am Widerstand Frankreichs. Die EPG erwies sich endgültig als Totgeburt, als die französische Nationalversammlung es am 30. August 1954 ablehnte, die Ratifikation des EVG-Vertrages auch nur zu debattieren. Die Gründe und Ursachen waren vielschichtig: die zunehmende Instabilität der französischen Vierten Republik; die Ablehnung supranationaler Organisationsformen auf der einen und die Enttäuschung über zu wenig Supranationalität auf der anderen Seite; die Weigerung der Amerikaner, zugunsten Frankreichs in den Indochinakonflikt einzugreifen, und – daraus resultierend – das Gefühl, letztlich doch auf sich selbst gestellt zu sein; nicht zuletzt das Streben Frankreichs nach einer eigenen atomaren Bewaffnung, die man keineswegs zu «europäisieren» gedachte.

Für die militärische Integration der Bundesrepublik wurde nach dem Scheitern des Vertragswerks durch die Aufnahme Westdeutschlands in die NATO ein neuer Rahmen gefunden – damit war Frankreichs ursprüngliche Intention, eine neue deutsche Armee zu verhindern, gescheitert. Paris war jetzt jedoch zu Zugeständnissen bereit, um ein Auseinanderbrechen der westlichen Verteidigungsallianz zu verhindern. Eine ernsthafte Alternative hierzu hatte Frankreich nicht mehr.

Jean Monnet, mittlerweile Präsident der Hohen Behörde der EGKS, bemühte sich weiter um die Integration einzelner Politikfelder. Die *relance européenne* sollte jedoch einen anderen Weg nehmen als diese sektorale Integration. Zwar nahmen die Regierungen der «Sechs» – also der EGKS-Mitgliedstaaten – Monnets Idee einer Atomgemeinschaft auf. Doch den Kern sollte die Integration der gesamten Volkswirtschaften bilden. «Die Regierungen der Bundesrepublik Deutschland, Belgiens, Frankreichs, Italiens, Luxemburgs und der Niederlande glauben», so hieß es im Kommuniqué einer Außenministertagung im sizilianischen Messina im Juni 1955, «daß der Augenblick gekommen ist, um eine neue Phase auf dem Wege zur Schaffung Europas einzuleiten. Sie sind der Ansicht, daß Europa zunächst auf wirtschaftlichem Gebiet gebaut werden muß.»

II. Von der wirtschaftlichen zur politischen Integration

1. Die Römischen Verträge: Wirtschaftlicher Nutzen und politische Selbstbehauptung

Die Entstehung von EWG und Euratom. Am 25. März 1957 wurden auf dem Kapitol in Rom die Verträge über die Bildung einer Europäischen Wirtschaftsgemeinschaft (EWG) und einer Europäischen Atomgemeinschaft (Euratom) unterzeichnet – die sogenannten Römischen Verträge. Damit gab es nun, zusammen mit der EGKS, drei europäische Organisationen. Der Ort der Vertragsunterzeichnung, in den Worten Reinhold Schneiders die «Brunnenstube gegenwärtiger europäischer Geschichte», war symbolträchtig: Es war «der Platz auf dem Kapitol, den Michelangelo gefaßt und der Stadt zugewendet hat. Man versteht ihn nur bei Nacht, wenn Marc Aurel ... einsam reitet im gedämpften Licht, dessen von den Brunnen geworfener Widerschein über die Säulen rinnt. Ein winziges bißchen Gold der alten Zeit, des Friedensreiches, hängt noch an der Rüstung des Kaisers, aber es wächst, nach dem Glauben des römischen Volkes, und wenn es den Kaiser bedeckt, der sein Leben in Lagern, auf Zügen, in Schlachten verzehrte, so wird Friede sein: so ist Europa Gestalt geworden in dem

Stadt und Welt segnenden und beschützenden Kaiser.» Die
Zeremonie im Palazzo del Campidoglio beschwor das alte
Rom herauf, das einst weite Teile Europas beherrscht hatte.

Die in Rom unterzeichneten und bald darauf ratifizierten
Verträge spiegelten in ihrer nüchternen Juristensprache, mit
ihren vielen Details und ihrer schon damals unübersichtlichen
Struktur nur wenig von diesem Pathos wider. Die Dichotomie
zwischen dem Ideal der erstrebten zukünftigen Einheit des
Kontinents und der tatsächlichen, im Detail schwierigen Integration sollte ein Kennzeichen des gesamten Einigungsprozesses bleiben. Dennoch: Die Verträge entfalteten eine enorme
Wirkung. Zumindest gilt dies für den EWG-Vertrag. Während
die Gründung von Euratom sich schon bald als Sackgasse auf
dem Weg der Integration herausstellte, wurde die Europäische
Wirtschaftsgemeinschaft zum Hauptschauplatz der Einigung
Europas. Ihren Kern bildete eine Zollunion der sechs Mitgliedstaaten: Nach einer Übergangsfrist von zwölf bis fünfzehn
Jahren sollten die Binnenzölle innerhalb der Gemeinschaft
vollständig entfallen; nach außen sollte ein gemeinsamer Zolltarif angewendet werden. Das Ziel war die Errichtung eines
Gemeinsamen Marktes ohne Binnengrenzen, in dem neben
den Zöllen auch «nichttarifäre Handelshemmnisse» abgeschafft würden – vor allem unterschiedliche Rechtsvorschriften, etwa im Verbraucherschutz oder hinsichtlich technischer
Standards. Der Vertrag enthielt darüber hinaus Bestimmungen
über eine Gemeinsame Agrarpolitik und einzelne andere Politikfelder, die aber im «Gemeinschaftsalltag» noch zu konkre-
tisieren waren.

Noch wenige Jahre zuvor war der Vertrag über die Europäische Politische Gemeinschaft an den Meinungsverschieden-
heiten über die wirtschaftliche Integration gescheitert. Nun
wurde diese zum Ausgangspunkt aller weiteren Integrations-
bemühungen. Dies war vor allem einer Änderung der französischen Position zuzuschreiben. Noch im Vorfeld der Konferenz von Messina (1955) hatte Paris einen gemeinsamen
Markt abgelehnt, nicht nur wegen Befürchtungen, ein europäischer Vertrag könnte erneut in der Nationalversammlung

scheitern, sondern auch wegen der mangelnden Konkurrenzfähigkeit weiter Teile der französischen Wirtschaft. Die Regierung von Ministerpräsident Edgar Faure hatte sich zunächst
nur die Pläne für eine Vergemeinschaftung der Atompolitik zu
eigen gemacht, wobei die Kontrolle über nukleare Bewaffnung aber ausschließlich in nationaler – das heißt: französischer – Hand bleiben sollte. Die Benelux-Staaten hingegen, allen voran die Niederlande, traten nachdrücklich für
den gemeinsamen Markt ein. Der Atomgemeinschaft konnten
weder sie noch Italiener und Deutsche viel Positives abgewin-
nen. Doch auch der gemeinsame Markt war in Deutschland
ungeliebt: Vor allem Bundeswirtschaftsminister Erhard bevorzugte die Gründung einer Freihandelszone unter Einschluß
Großbritanniens; eine Zollunion mit gemeinsamem Außenzoll
erschien ihm protektionistisch und dirigistisch.

Für den positiven Ausgang des Projekts einer *relance européenne* waren mehrere Faktoren ausschlaggebend. In Deutschland konnten sich die Freihändler um Ludwig Erhard nicht
gegen Bundeskanzler Konrad Adenauer durchsetzen, der die
Gefahr einer sowjetisch-amerikanischen Verständigung sah
und deshalb um so mehr Gewicht auf eine funktionierende
europäische Zusammenarbeit legte. Auf französischer Seite
hatte sich die Einsicht durchgesetzt, daß Handelsliberalisie-
rungen nicht mehr zu vermeiden waren; eine Zollunion war
für Frankreich aber weit vorteilhafter als eine Freihandelszone, in der zwar die Binnenzölle entfallen würden, es aber keinen gemeinsamen Außenzoll gäbe: Dieser war jedoch von besonderem Wert, weil gemeinsam mit anderen europäischen
Staaten ein wirksamerer Schutz der französischen Industrie
erreicht werden konnte als mit einem nationalen Außenzoll.
Vor allem aber war Frankreich an einer Integration des Agrarbereichs gelegen: Dies würde der besonders personalintensi-
ven, wenig wettbewerbsfähigen französischen Landwirtschaft
zugutekommen und den Staatshaushalt entlasten. Paris rang
sich daher, gegen einige weitere Zugeständnisse in Detailfra-
gen, zu einer Akzeptanz des gemeinsamen Marktes durch. Im
Gegenzug fanden sich die anderen fünf Verhandlungspartner

zur Gründung einer – freilich schwach ausgestalteten – Atomgemeinschaft bereit.

Die Verhandlungen, die zum Abschluß der Römischen Verträge führten, wurden überdies durch eine erhebliche Verbesserung der deutsch-französischen Beziehungen begünstigt. Im Laufe des Jahres 1956 wurde Übereinstimmung darüber erzielt, auf welche Weise das Saarland – den Ergebnissen des Referendums vom Oktober 1955 entsprechend – der Bundesrepublik beitreten konnte. Ein Streitpunkt, der die Beziehungen zwischen Bonn und Paris lange Zeit erheblich belastet hatte, war damit ausgeräumt. Zudem beeindruckte der Besuch Adenauers in Paris am 6. November 1956. Frankreich war in das Feuer einer heftigen internationalen Kritik geraten, nachdem seine Truppen, gemeinsam mit britischen Verbänden und in geheimem Zusammenspiel mit Israel, Ägypten angegriffen hatten, um die von Präsident Nasser verfügte Nationalisierung des Suez-Kanals rückgängig zu machen. Während die USA gemeinsam mit der Sowjetunion den Abbruch der Aktion erzwangen, demonstrierte der deutsche Bundeskanzler mit seinem Besuch Solidarität.

Der Abschluß eines großen europäischen Vertrages wurde nun in Paris auch als Mittel gesehen, eine Demütigung der Nation wie in der Suez-Krise in Zukunft zu vermeiden. Europa wurde zur Chiffre für (mehr) Unabhängigkeit von der westlichen Vormacht USA, für die Chance, sich der quälenden Unterordnung nach und nach zu entziehen. Auch für Adenauer spielte dieser Gedanke keine geringe Rolle. Die amerikanische Politik schien ihm immer wieder der Versuchung ausgesetzt, sich mit der UdSSR auf Kosten Europas (und damit Deutschlands) zu arrangieren. Vor allem während der Berlin-Krisen der Jahre 1958 bis 1961 zeigte sich, daß die Loyalität Amerikas zu dem westdeutschen «Frontstaat» zumindest brüchig war. Mit dem Amtsantritt von Präsident John F. Kennedy im Jahr 1961 verstärkte sich Adenauers Skepsis noch. Die deutschlandpolitischen Grundpositionen der Bundesrepublik – Nichtanerkennung der DDR und Hallstein-Doktrin – waren zusehends gefährdet, da sie, anders als in den frühen fünfziger

Jahren, mit dem auf Friedenssicherung und Entspannung ge-
richteten Interesse der Weltmacht kollidierten. Daß sich die
Prioritäten in Washington verschoben, zeigte sich insbesondere in der Berlinfrage: Nicht mehr die Freiheit ganz Berlins
wurde von Kennedy gefordert, sondern nur noch die Anwesenheit der Westmächte in Berlin, ihr freier Zugang nach
West-Berlin und die Freiheit und Sicherheit des Westteils der
Stadt. In Moskau verstand man das Signal; der Mauerbau am
13. August 1961 war die Folge. Die USA hatten sich mit dem
Status quo abgefunden – auf Kosten der Bundesrepublik.

Die Idee der Dritten Kraft. Adenauers Enttäuschung über die
Politik John F. Kennedys verband ihn zunehmend mit General
Charles de Gaulle, der 1958 das Präsidentenamt in der neu
gegründeten Fünften Französischen Republik übernahm. De
Gaulles Überlegungen zielten seit jeher auf eine eigene euro-
päische Organisation zur Verteidigung des Kontinents. Die
Idee von Europa als «Dritter Kraft» zwischen den Supermächten – für de Gaulle ein Europa «vom Atlantik bis zum
Ural» – gewann mit seinem Amtsantritt an Wirksamkeit.
Schon zuvor hatte sich aber gezeigt, daß in der Nach-
kriegsordnung kein Platz für eine dritte Macht zwischen den
USA und der Sowjetunion war. Die Welt ordnete sich bipolar;
die europäische Integration fand daher unter der Protektion
der USA statt und beschränkte sich auf den Westen des Kontinents. Insbesondere die Briten befürchteten eine Schwächung
der transatlantischen Zusammenarbeit durch allzu große europäische Eigenständigkeit und beteiligten sich auch aus diesem
Grund zunächst nicht an dem europäischen Einigungspro-
jekt. Doch auch zahlreiche Politiker aus den EWG-Mitgliedstaaten standen der Idee skeptisch gegenüber: Zu sehr waren
vor allem die kleineren Mitgliedstaaten von der militärischen
Macht Amerikas abhängig. Der Gedanke, Europa könne eine
eigenständige Rolle neben den Supermächten spielen, blieb
somit in der Zeit des Ost-West-Konfliktes eine Illusion. Dennoch prägte er als Integrationsmotiv die historische Entwicklung mit.

Europa als Garant von Prosperität. Das wichtigste Motiv für die Gründung der Europäischen Wirtschaftsgemeinschaft war der Gedanke der «Dritten Kraft» sicherlich nicht. Neben dem zu Beginn alles überragenden Ziel, Krieg zwischen den europäischen Staaten für alle Zukunft auszuschließen, war es vor allem der Wunsch nach wirtschaftlicher Prosperität und dauerhaftem Wohlstand, der die Einigung Europas vorantrieb. Dieses Motiv hatte schon bei Coudenhove-Kalergi eine Rolle gespielt: «Europa ... hat seine Weltherrschaft eingebüßt, weil seine Völker uneinig waren: es wird seine Selbständigkeit und den Rest seines Wohlstandes einbüßen, wenn es weiter uneinig ist. ... Während die übrigen Weltteile durch die Politik der Zusammenarbeit immer reicher, mächtiger und zivilisierter werden – wird Europa arm, machtlos und barbarisch sein.»

Coudenhove-Kalergis apokalyptisches Zukunftsszenario schien sich nach dem Zweiten Weltkrieg bewahrheitet zu haben. Nahezu alle europäischen Staaten waren durch die Kriegsanstrengungen ökonomisch ausgelaugt. Die immensen Zerstörungen taten ein übriges: Die industrielle Produktion lag in den ersten Nachkriegsjahren deutlich unter dem Stand der Zwischenkriegszeit; im ersten Quartal 1947 wurden gerade einmal 78 Prozent des Produktionsniveaus von 1938 erreicht. Die europäische Wirtschaft war auch aus diesem Grund auf Importe aus den Vereinigten Staaten dringend angewiesen, während gleichzeitig der Umfang der Exporte drastisch zurückgegangen war – im dritten Vierteljahr 1946 auf nur 59 Prozent des Vorkriegsvolumens. Das Handelsbilanzdefizit gegenüber den USA stieg 1947 auf über 4,7 Mrd. US-$. Die Währungsreserven Europas waren nahezu erschöpft, Importe konnten kaum noch bezahlt werden – noch nicht einmal die dringend benötigten Nahrungsmittel und sonstigen Gegenstände des Grundbedarfs. Mit dem Marshall-Plan versuchten die USA in dieser Situation, der europäischen Wirtschaft unter die Arme zu greifen – ein weiterer wirtschaftlicher Niedergang Europas oder eine längere Verzögerung des Wiederaufbaus hätte die gesamte Weltwirtschaft und damit auch das amerikanische Wachstum dauerhaft gefährdet. Doch

die Marshall-Plan-Hilfe war an eine Bedingung geknüpft: Die
Europäer mußten sich über die Verteilung der US-Hilfsgelder
selbst einigen. Dies sollte im Rahmen einer Organisation für
Europäische Wirtschaftliche Zusammenarbeit (*Organisation
of European Economic Cooperation*, OEEC) geschehen; die
europäischen Regierungen gewöhnten sich daher schon vor
der Gründung der Europäischen Gemeinschaften an ein ge-
wisses Maß an ökonomischer Kooperation.

Das Niveau der Kooperation wurde jedoch von vielen als
unzureichend erachtet. Jean Monnet schrieb im Vorfeld des
Schuman-Plans: «Die Länder Europas sind zu klein, um ihren
Völkern den Wohlstand zu sichern, den die Voraussetzungen möglich machen und die folglich notwendig sind. Dazu
braucht man viel größere Märkte. ... Dieser Wohlstand und
die unerläßlichen sozialen Entwicklungen setzen voraus, daß
die Staaten Europas sich zu einer Föderation zusammenschlie-
ßen oder zu einer ‹europäischen Entität›, die eine wirtschaftliche Einheit entwickelt.» Der Schuman-Plan war ein erster
Schritt zu dieser «Entität». Er entsprach nicht nur den politischen Visionen Monnets von einem geeinten friedlichen
Europa, sondern lag auch in der Logik des Amtes, das er
wahrnahm. Der französische Plankommissar war bei der Er-
füllung seiner Aufgabe, Frankreichs Wirtschaft zu einem neu-
en Aufschwung zu führen, dringend auf deutsche Ressourcen,
vor allem auf die Ruhrkohle, angewiesen. Insofern war die
Montanunion auch die Fortsetzung französischer Wirtschaftspolitik mit anderen Mitteln. Doch auch für die Ökonomien
der anderen EGKS-Mitgliedstaaten war der Zusammenschluß
vorteilhaft. Er ermöglichte einen freien Austausch sowohl der
Rohstoffe als auch der Produkte und reduzierte so die Kosten
der Kohle- und Stahlproduktion.

In noch stärkerem Maße lag das Motiv der ökonomischen
Prosperität der Gründung der EWG zugrunde. Ein Abbau
der Zollgrenzen lag nahe: Bei stetig steigender Tendenz
gingen 1958 29 Prozent der deutschen Exporte in die übrigen Mitgliedstaaten der EWG, in Frankreich betrug der Anteil 25 Prozent. Von der wirtschaftlichen Integration Europas

konnten somit insbesondere exportorientierte Produzenten profitieren. Hinzu kamen die Interessen der Agrarlobby: Ein gemeinsamer Markt mit einer gemeinsamen Marktordnung für landwirtschaftliche Produkte würde den Bestand der europäischen Landwirtschaft möglicherweise dauerhafter sichern als rein nationale Mechanismen. Die Regierungen der Mitgliedstaaten mit einem hohen Anteil des Agrarsektors am Bruttosozialprodukt – allen voran Frankreich und Italien, wo der Anteil 1956 15 bzw. 25 Prozent betrug – konnten außerdem die Kosten ihrer Agrarpolitik zum Teil «externalisieren»: Das Budget der Gemeinschaft würde künftig für die Agrarsubventionen aufkommen, die Belastung der nationalen Haushalte damit sinken. Die Agrarpolitik ist in dieser Hinsicht aber nur die «Spitze des Eisbergs». Auch auf anderen Politikfeldern ermöglichte die europäische Integration es fortan, die Kosten für politische Veränderungen zu «vergemeinschaften». Dies gilt sowohl für rein finanzielle als auch für politische Kosten – der Hinweis auf «Brüssel» diente fortan immer wieder dazu, unpopuläre Maßnahmen im Innern zu rechtfertigen.

Gleichzeitig ermöglichte «Europa» die «Rettung des Nationalstaates» (Alan Milward). Der Nationalstaat bedurfte eines breiteren gesellschaftlichen Grundkonsenses. Dies hatten die Ereignisse der Zwischenkriegszeit nachdrücklich gezeigt, in der soziale Konflikte überall in Europa die Verteidigungskräfte der Demokratie gegen den Ansturm von Faschismus und Nationalsozialismus, sei es von innen oder von außen, geschwächt hatten. Der moderne, der Daseinsvorsorge verpflichtete Staat übernahm daher nach dem Zweiten Weltkrieg ein nie gekanntes Ausmaß an Aufgaben, um einen breiteren sozialen Grundkonsens zu schaffen; die Ausdehnung der Staatstätigkeit sollte sich überall in Europa bis in die achtziger Jahre hinein fortsetzen. Diese Funktionserweiterung des Nationalstaats setzte aber ein wirtschaftliches Wachstum voraus, das die Finanzierung dieser neuen Betätigungsfelder ermöglichte. Die wirtschaftliche Integration Europas war hierfür eine Voraussetzung, denn sie verband die nationalen Volkswirtschaften zu einem gemeinsamen Markt, der durch den Abbau von Handelsbeschränkungen das Wirtschaftswachstum beförderte. Die europäische Integration erlaubte es dem Nationalstaat damit paradoxerweise, seine Legitimität in den Augen der Bevölkerung zu festigen.

2. Die frühen europäischen Institutionen

Die Neuartigkeit der europäischen Einigung besteht auch in der Neuartigkeit der Institutionen. Die Väter der europäischen Gründungsverträge schufen ein System von Organen, das sich in wesentlichen Punkten von dem traditioneller internationaler Organisationen, etwa der Vereinten Nationen, unterschied.

Da war zunächst die Europäische Kommission (bei der EGKS hieß sie noch «Hohe Behörde»). Ihre Mitglieder – je ein Angehöriger eines jeden Mitgliedslandes, im Falle der «großen» Mitgliedstaaten zwei – sollten «aufgrund ihrer allgemeinen Befähigung ausgewählt werden und volle Gewähr für ihre Unabhängigkeit bieten» (Art. 155 EWGV). Ihr erster Präsident wurde der Deutsche Walter Hallstein, der bis dahin Staatssekretär im Auswärtigen Amt und enger Vertrauter von Bundeskanzler Konrad Adenauer gewesen war.

Die Kommission sollte als «Hüterin der Verträge» die Einhaltung der drei Gründungsverträge – des EGKS-Vertrags, des Euratom-Vertrags und des EWG-Vertrags – durch die Mitgliedstaaten überwachen; ihr wurde die Umsetzung der Rechtsakte der Gemeinschaftsorgane durch Aus- und Durchführungsvorschriften übertragen. Wichtiger noch war allerdings ihr Initiativmonopol: Gemeinschaftliche Rechtsakte sollten nur auf Initiative der Kommission zustande kommen können. Zudem mußte der Rat einstimmig beschließen, wollte er Änderungen an einem Kommissionsvorschlag vornehmen; dies eröffnete also jedem Mitgliedstaat eine Vetomöglichkeit. Die Kommission selbst hingegen konnte ihre Vorschläge, ohne auf die Zustimmung der Mitgliedstaaten angewiesen zu sein, jederzeit so abändern, daß der Vorschlag mehrheitsfähig wurde. Der Kommission, die – *de iure* jedenfalls – der Kontrolle der

Mitgliedstaaten entzogen sein sollte, wurde somit eine entscheidende Rolle als Impulsgeber im europäischen Gesetzgebungsprozeß zugewiesen; hinzu kamen noch eigene, in den Verträgen einzeln aufgeführte Entscheidungsbefugnisse, die im Fall der Hohen Behörde der Montanunion besonders umfangreich waren.

Ein in seiner Kompetenzfülle international einmaliges Organ war auch der Europäische Gerichtshof (EUGH). Zwar kannten auch andere Organisationen der internationalen Politik Schieds- und Schlichtungsinstanzen, und mit dem Internationalen Gerichtshof in Den Haag existierte sogar ein «Weltgericht», das als eines der Hauptorgane der Vereinten Nationen firmierte. All diesen internationalen Rechtsprechungsorganen haftete jedoch stets der Mangel einer gewissen Unvollkommenheit an: Die Jurisdiktion des Internationalen Gerichtshofs beispielsweise erstreckte (und erstreckt) sich ausschließlich auf Länder, die sich seiner Kompetenz ausdrücklich unterwerfen. Das Völkerrecht kennt also keine von der Zustimmung der Parteien unabhängige, obligatorische Rechtsdurchsetzung. Der Europäische Gerichtshof hingegen wurde analog zu einem nationalen obersten Gerichtshof konzipiert. Er sollte bei Streitigkeiten zwischen den Gemeinschaftsorganen ebenso entscheiden wie bei Auseinandersetzungen zwischen Gemeinschaftsorganen und Mitgliedstaaten oder mehrerer Mitgliedstaaten untereinander – soweit sich diese Streitigkeiten auf Gegenstandsbereiche der Verträge bezogen. Der EWG-Vertrag räumte außerdem jeder natürlichen oder juristischen Person, die von einem Rechtsakt der Gemeinschaften betroffen war, ein Klagerecht vor dem EUGH ein. Von besonderer Bedeutung war schließlich das Vorabentscheidungsverfahren: Das Gericht eines Mitgliedstaates, das mit der Frage konfrontiert ist, wie einzelne Vertragsbestimmungen auszulegen oder ob Gemeinschaftsrecht im konkreten Fall anzuwenden ist, kann seine Verhandlungen aussetzen und eine Entscheidung des Europäischen Gerichtshofes einholen; letztinstanzliche Gerichte sind hierzu sogar verpflichtet. Die nationalen Justizsysteme wurden so mit der europäischen Rechtsprechung vernetzt.

Dem klassischen Schema einer internationalen Organisation entsprach am ehesten der Ministerrat. Der EWG-Vertrag übertrug dieser Vertretung der nationalen Regierungen die wesentlichen Entscheidungsbefugnisse, sie war das eigentliche «Gesetzgebungsorgan» der Gemeinschaft. Auch der Rat wies allerdings eine Besonderheit auf, die ihn von herkömmlichen internationalen Organisationen unterschied. Nach einer Übergangsphase von acht Jahren sollte das bis dahin geltende Einstimmigkeitsprinzip in vielen Fällen von einem Verfahren qualifizierter Mehrheitsentscheidungen abgelöst werden, wobei die Stimmen der Mitgliedstaaten gewichtet wurden, um den unterschiedlichen Bevölkerungszahlen wenigstens zum Teil Rechnung zu tragen. Diese Vertragsbestimmung bedeutete nichts anderes als die Möglichkeit, überstimmt zu werden und auf einen Kernaspekt staatlicher Souveränität zu verzichten: die Fähigkeit, politische Entscheidungen frei und unabhängig vom politischen Willen anderer Staaten zu treffen.

Das institutionelle Gerüst der Europäischen Gemeinschaften wurde von einer Parlamentarischen Versammlung ergänzt, die sich aus Abgeordneten der nationalstaatlichen Parlamente zusammensetzte. Deren Kompetenzen blieben zunächst schwach: Mehr als eine beratende Funktion wurde ihr im EWG-Vertrag von 1957 nicht zugeschrieben; gesetzgeberische Kompetenzen erhielt sie kaum. Auch das klassische Instrument eines jeden Parlaments, das Budgetrecht, konnte sie nur in sehr eingeschränktem Umfang wahrnehmen: Sie mußte den Gesamthaushalt zwar billigen, hatte aber zunächst keine Möglichkeit, einzelne Haushaltsposten zu verändern.

3. Die «méthode Monnet»

Schon die Römischen Verträge wiesen den neuen Institutionen eine Fülle von Aufgaben zu. Die Übertragung nationalstaatlicher Kompetenzen an die Gemeinschaften war damit jedoch keineswegs abgeschlossen. Mit zunehmender Komplexität der Weltwirtschaft und wachsender Interdependenz der europäischen Staaten wurde die Zahl der Politikfelder, die der Europäischen Wirtschaftsgemeinschaft übertragen wurden, immer größer. Der EWG-Vertrag bot hier den nötigen Spielraum. In seinem Artikel 235 enthielt er eine generelle Öffnungsklausel: «Erscheint ein Tätigwerden der Gemeinschaft erforderlich, um im Rahmen des Gemeinsamen Marktes eines ihrer Ziele zu verwirklichen, ... so erläßt der Rat einstimmig ... die entsprechenden Vorschriften.» Eine Ausdehnung der Zuständigkeiten der EWG war damit, Konsens unter den Mitgliedstaaten vorausgesetzt, jederzeit möglich.

Die Logik des «spill-over». Dies entsprach von Anfang an den Vorstellungen Jean Monnets: Europa würde nicht an einem Tag gebaut werden. Der Prozeß der Integration war entscheidend; jeder Schritt auf dem Weg der europäischen Einigung würde, davon war Monnet überzeugt, Perspektiven verändern und neue Aussichten eröffnen. Eine klare, deutlich formulierte Zielvorgabe war daher nicht nur unnötig, sie war sogar unerwünscht, da sie Alternativen einschränken und Wege verbauen würde. Monnet glaubte an die Dynamik des europäischen Einigungsprozesses: Jeder Einigungsschritt würde bei starken politischen und gesellschaftlichen Gruppen ein Interesse am Ausbau der europäischen Institutionen hervorrufen. Außerdem würde es zwischen gemeinschaftlichen und nationalen Politikbereichen immer wieder zu Spannungen kommen; funktionale Zwänge würden so nach und nach die «Vergemeinschaftung» immer weiterer Politikfelder notwendig machen. Schließlich ging Monnet auch davon aus, daß ein europäischer Zusammenschluß auf dem ganzen Kontinent attraktiv sein würde. Andere Länder würden sich, angesichts des wirtschaftlichen und politischen Erfolgs der gemeinschaftlichen Institutionen, dem Unternehmen anschließen, das «Projekt Europa» sich somit auch geographisch ausdehnen.

Monnets Methode der europäischen Einigung unterschied sich damit grundlegend von den föderalistischen Konzepten der frühen Europabewegung. Deren Vertreter wollten in einem einzigen Schritt einen europäischen Bundesstaat schaffen. Die europäische Bewegung sollte nach ihrer Vorstellung die nationalstaatlichen Exekutiven und Legislativen zur Einberufung einer europäischen verfassunggebenden Versammlung veranlassen, deren notwendiges Ergebnis ein demokratischer und föderaler europäischer Staat wäre. Monnet hielt diesen Ansatz für unrealistisch: Die Einwilligung der nationalen Eliten in ein Projekt dieses Zuschnitts war nicht zu erwarten. Zunächst mußte nach seiner Überzeugung eine «Gewöhnung» an die Mechanismen der supranationalen Entscheidungsfindung eintreten. Mit jedem Schritt würden dann wachsende Anreize entstehen, auch den nächsten Schritt zu gehen.

Politik- und Sozialwissenschaftler bemühten sich seit den späten fünfziger Jahren darum, Monnets politischen Ansatz theoretisch zu untermauern. Diesen sogenannten «Neofunktionalisten» schien die *méthode Monnet*, wie sie bald weithin genannt wurde, eine Möglichkeit darzustellen, wie es zu einem immer engeren Zusammenschluß der europäischen Völker kommen könnte. Ihre Theorie beschränkte sich freilich nicht auf Europa. Unter bestimmten Voraussetzungen, so ihre Hypothese, sei ein solcher Prozeß überall denkbar. Vor allem aber bezeichneten sie diesen Prozeß als unumkehrbar. Denn einmal durch einen ursprünglichen Integrationsschritt in Gang gesetzt, würde er mit der Zeit die Loyalitäten der Bürger auf das neue Zentrum hin orientieren, und er würde – wie auch von Monnet vorhergesagt – immer neue Politikbereiche erfassen. Beide Effekte würden sich gegenseitig verstärken: Je mehr staatliche Handlungsfelder integriert sein würden, desto mehr gesellschaftliche Gruppen würden ihre Erwartungen und ihre politischen Aktivitäten auf den neu geschaffenen Verbund hin ausrichten. Ein *spill-over*, also das «Überschwappen» der Integration auf immer weitere Gesellschaftsschichten und immer neue Politikfelder, garantierte nach dieser Auffassung als unsichtbar wirkende Kraft das Voranschreiten des Integrationsprozesses.

Die «Konstitutionalisierung» der Gemeinschaft und der Luxemburger Kompromiß. In der Tat kam es nach dem Inkrafttreten der Römischen Verträge schon bald zu einer erheblichen Ausweitung der Gemeinschaftstätigkeit. Wichtiger war aber zunächst eine andere Entwicklung – die «Konstitutionalisierung» der Gemeinschaften. In einer Reihe wichtiger Entscheidungen umschrieb der Europäische Gerichtshof den Charakter der europäischen Rechtsordnung. Diese entwickle sich zu einem immer eigenständigeren Rechtssystem, das sich mehr und mehr einer bundesstaatlichen Rechtsordnung angleiche. Vier vom EUGH erarbeitete Doktrinen waren von zentraler Bedeutung: (1) Das Gemeinschaftsrecht kann in den Mitgliedstaaten unmittelbare Geltung beanspruchen, bedarf also – wie etwa das deutsche Bundesrecht in den einzelnen Bundesländern – keiner weiteren, nationalstaatlichen Gesetzgebungsakte zu seiner Umsetzung. Der Bürger kann sich vor nationalen Gerichten unmittelbar auf das Gemeinschaftsrecht berufen. (2) Das Gemeinschaftsrecht ist nationalem Recht übergeordnet; entgegenstehendes Recht eines Mitgliedslandes ist nichtig. Gemeinschaftsrecht bricht also nationales Recht. (3) Die Rechtsetzungskompetenzen der Europäischen Gemeinschaften erstrecken sich auch auf das Handeln nach außen, also den Abschluß internationaler Verträge in Bereichen vergemeinschafteter Politik. (4) Obwohl in den Verträgen eine Grundrechtserklärung fehlt, steht dem EUGH ein Recht zu, legislative Akte der Gemeinschaften auf ihre Vereinbarkeit mit denjenigen Grundrechten zu überprüfen, die in den Rechtsordnungen der Mitgliedstaaten enthalten sind.

Damit war *de facto*, wenngleich nicht dem Namen nach, eine europäische Verfassung entstanden, die sich freilich hinter einem nur schwer durchschaubaren Gewirr aus Primärrecht – den Verträgen –, aus sekundären Rechtsakten und der Rechtsprechung des EUGH verbarg. Die Mitgliedstaaten akzeptierten diese klare Souveränitätseinschränkung – zum Teil auch deshalb, weil die Verträge die Möglichkeit eines Vorabentscheidungsverfahrens vorsahen. Damit wurden die nationalen Justizsysteme in den europäischen Rechtsprechungsprozeß eingebunden. Zumindest die Mißachtung der *eigenen* Gerichte ist in einem Rechtsstaat ausgeschlossen – und diese nationalen Gerichte sind es, die nach Einholung der Interpretation des EUGH in solchen Fällen urteilen. Die Möglichkeit des Vertragsbruchs für die Mitgliedstaaten war damit stark eingeschränkt. Da *jedes* Gericht eines Mitgliedstaates einen Fall dem Europäischen Gerichtshof vorlegen kann, verschaffte das Verfahren diesem die Möglichkeit, eine einheitliche Auslegung des Gemeinschaftsrechts sicherzustellen.

Die Entwicklung einer europäischen Rechtsordnung war aber lediglich die eine Seite der Medaille. Die andere war das Beharren der Mitglieder auf Einstimmigkeit im Ministerrat. Der für 1966 vorgesehene Übergang zu Mehrheitsentscheidungen scheiterte – wie es zunächst schien – am Widerstand der Französischen Republik und ihres Präsidenten Charles de Gaulle. Die junge Gemeinschaft stürzte in ihre bis dahin schwerste Krise. Der Konflikt entzündete sich an der Frage, wie die – im Grundsatz im EWG-Vertrag festgelegte – Gemeinsame Agrarpolitik auszugestalten sei und welche Rechte dem Europaparlament bei der Festlegung des Haushalts der Gemeinschaften zukommen sollten. Hinter dieser Frage verbarg sich eine tiefgreifende Meinungsverschiedenheit darüber, welche Aufgaben das europäische Gemeinwesen übernehmen sollte. Auch de Gaulles Mißtrauen gegenüber der bislang entwickelten Organisationsform des europäischen Zusammenschlusses spielte eine nicht zu vernachlässigende Rolle. Der französische Präsident befürchtete eine Stärkung des Parlaments und der Kommission. Dem Präsidenten der Kommission, Walter Hallstein, begegnete er mit tiefem Mißtrauen. De Gaulle war grundsätzlich dagegen, den Gemeinschaften nationalstaatliche Kompetenzen abzutreten, sofern die Mitgliedstaaten nicht die vollständige Kontrolle über die gemeinschaftliche Politik behielten. Denn der Nationalstaat war und blieb für ihn die einzig legitime Kategorie politischen Denkens und Handelns; Europa konnte für ihn nur ein «Europa der Vaterländer» (*l' Europe des patries*) sein.

Als es in der Auseinandersetzung um die Agrarpolitik und den Haushaltsprozeß zu keiner Einigung kam, verließ Frankreich am 1. Juli 1965 den Ministerrat. Die Gemeinschaften waren angesichts dieser Politik des «Leeren Stuhls» – das Einstimmigkeitsprinzip galt noch – handlungsunfähig. Erst zu Beginn des Jahres 1966 wurde die Krise auf einer Außenministertagung in Luxemburg beigelegt. Frankreich nahm seinen Sitz im Rat wieder ein; im Gegenzug wurde die Einstimmigkeitserfordernis im Ministerrat *de facto* beibehalten. Man einigte sich, innerhalb eines «angemessenen» Zeitraums in den Politikbereichen einen Konsens anzustreben, die den Verträgen zufolge mit Mehrheit entschieden werden konnten. Was bei Ausbleiben einer Einigung passieren würde, blieb unklar. In der Frage der Mehrheitsentscheidungen stimmte man lediglich überein, nicht übereinzustimmen. In der Praxis behielten die Mitgliedstaaten in den kommenden Jahren ihr Vetorecht. Während also nach außen Dissens demonstriert wurde, hatte de Gaulle sich im Grunde durchgesetzt.

Der «Luxemburger Kompromiß» prägte die Europapolitik der folgenden zwei Jahrzehnte. Er sicherte jedem einzelnen Mitgliedstaat einen entscheidenden Einfluß auf die Gemeinschaftsgesetzgebung. Wenn man aufgrund der Rechtsentwicklung schon keine Möglichkeit hatte, sich der *Anwendung* des Gemeinschaftsrechts zu entziehen, so sollte man wenigstens bei der Rechts*setzung* nicht überstimmt werden können.

4. Der Weg nach Maastricht

Vom Abschluß der Römischen Verträge 1957 bis zur Unterzeichnung des Vertrags von Maastricht 1991 wurden mehr und mehr Politikfelder von den europäischen Institutionen geregelt. Gleichzeitig wurde «Europa» größer: 1973 traten Großbritannien, Irland und Dänemark, 1981 Griechenland, 1986 Spanien und Portugal den Europäischen Gemeinschaften bei. Eine dritte wichtige Veränderung war der Beginn der politischen Integration in den siebziger und achtziger Jahren. Alle diese Erweiterungen und Vertiefungen führten zu einer immer engeren Zusammenarbeit der Mitgliedstaaten in genuin politischen Tätigkeitsbereichen, die schließlich auch vertraglich fixiert wurde.

Veränderungen des institutionellen Gefüges. Der institutionelle Rahmen der Gemeinschaften konnte mit ihrem Bedeutungszuwachs zunächst nicht Schritt halten. Der Luxemburger Kompromiß verhinderte den vertraglich vorgesehenen Übergang zu Mehrheitsentscheidungen; die Entscheidungsprozesse in den Europäischen Gemeinschaften waren daher oft quälend langsam und wenig effizient. Dabei kam es nur selten zu formellen Abstimmungen, bei denen ein Mitgliedstaat aufgrund von «sehr wichtigen Interessen» sein Veto hätte einlegen müssen. Der Regelfall war vielmehr eine auf Konsens beruhende Entscheidungsfindung. Neue Normen kamen nur zustande, wenn alle Mitgliedstaaten einvernehmlich zum Handeln bereit waren.

Der Luxemburger Kompromiß hatte aber noch eine weitere Folge. Die Kommission verlor im europäischen Institutionengefüge an Gewicht. Sie wurde zu einer engen Abstimmung ihrer Gesetzesvorschläge mit den Mitgliedstaaten verpflichtet. Ein häufig als «Komitologie» bezeichnetes Geflecht von Institutionen und Gremien bildete sich heraus, ein bis heute bestehendes und ständig erweitertes enges Netzwerk von beratenden Komitees und Ausschüssen, in denen die Kommission ihre Initiativen bereits vor der Einleitung des formalen Gesetzgebungsprozesses mit den Repräsentanten der Mitgliedstaaten diskutiert und abstimmt. Auch in ihren exekutiven Funktionen ist die Kommission an verschiedene Komitees und Gremien gebunden, die aus Vertretern der Mitgliedstaaten bestehen. Doch nicht nur in ihren formalen legislativen und exekutiven Kompetenzen wurden der Kommission Beschränkungen auferlegt. Bedeutsamer noch ist die Tatsache, daß sie auch bei der Konzeption der europäischen Politik an Bedeutung einbüßte. Die Staaten, insbesondere die Staats- und Regierungschefs, reservierten diese Aufgabe zunehmend für sich. Charles de Gaulle hatte schon früh regelmäßige Gipfeltreffen vorgeschlagen, um auf höchster Ebene wichtige, alle Mitglieder betreffende Fragen zu diskutieren und politische Führung auszuüben. War diese Idee zunächst auf Skepsis gestoßen, etablierte sich diese Praxis Anfang der siebziger Jahre; 1974 wurden die zunächst halbjährlichen, später dreimal im Jahr stattfindenden Treffen unter der Bezeichnung «Europäischer Rat» quasi institutionalisiert. Der Europäische Rat war kein vertraglich begründetes Organ der Europäischen Gemeinschaften. Er stand «über den Verträgen» und sah es als seine Aufgabe an, die Grundzüge der Gemeinschaftspolitik festzulegen, der Entwicklung der Gemeinschaften eine Richtung vorzugeben – eine Aufgabe, die die Kommission seit Mitte der sechziger Jahre kaum mehr ausübte und nach Auffassung einiger Mitglieder auch nicht ausüben sollte.

Erst mit dem Amtsantritt von Jacques Delors als Präsident der Europäischen Kommission im Jahr 1985 gewann diese wieder an Einfluß auf die Formulierung europäischer Politik. Eine starke wechselseitige Abhängigkeit zwischen Europäischem Rat und Europäischer Kommission bildete sich heraus. Ideen und Konzepte der Kommission bedurften zwar der Zustimmung der im Europäischen Rat versammelten Staats- und Regierungschefs; jene wiederum benötigten aber die Mitarbeit der Kommission, sollten aus ihren Initiativen konkrete Rechtsakte erwachsen. Dabei ist es bis heute geblieben. Sehr häufig weist der Europäische Rat die Kommission an, detaillierte Politikvorschläge zu erarbeiten. Diese werden dann vom Europäischen Rat – gegebenenfalls mit Abänderungen – gebilligt, bevor wiederum die Kommission die konkreten Gesetzesvorschläge erarbeitet und in Ministerrat und Parlament einbringt.

Doch nicht nur die Rolle der Kommission unterlag einem Wandlungsprozeß. Auch die institutionelle Struktur der Gemeinschaften im ganzen veränderte sich im Lauf der Jahre. Ein erster wichtiger Schritt war die Fusion der Organe der drei Gemeinschaften. Bis 1967 hatten EGKS, EWG und Euratom zwar über eine gemeinsame Parlamentarische Versammlung und einen gemeinsamen Gerichtshof verfügt, Räte und Kommissionen hingegen waren bis dahin getrennt gewesen. Der «Fusionsvertrag» faßte auch diese Organe nun zusammen und gab den Gemeinschaften ein einheitliches institutionelles Gefüge, so daß sich bald die (rechtlich unpräzise) Bezeichnung «die Europäische Gemeinschaft» (EG) einbürgerte, wenn von den drei Gemeinschaften zusammen die Rede war oder das geographische Gebiet der Mitgliedstaaten gemeint war. Die Gemeinschaften blieben jedoch rechtlich gesehen voneinander unabhängige, eigenständige Gebilde.

Ein «Stiefkind» der institutionellen Entwicklung blieb lange Zeit die weitgehend machtlose Parlamentarische Versammlung. Von jeher hatte sie einen weitergehenden Anspruch auf Einfluß und eigenständige Kompetenzen angemeldet und diesen dadurch deutlich gemacht, daß sie sich selbst «Europäisches Parlament» nannte. Schon bald wurden auch Vorschläge für eine Direktwahl der Abgeordneten unterbreitet. Allerdings fand sich der Rat erst 1976 bereit, einem solchen Vorschlag zuzustimmen, so daß das Europaparlament 1979 erstmals von den Bürgern direkt gewählt wurde. Die Forderung nach zusätzlichen Kompetenzen des Parlaments blieb freilich (noch) unerfüllt.

Von der EWG der Sechs zur EG der Zwölf. Der wichtigste europäische Staat, der sich in den fünfziger Jahren jeglicher Integration verweigert hatte, war Großbritannien. Dies hatte eine Reihe von Gründen: Das Königreich war *der* moralische Sieger des Zweiten Weltkriegs; es hatte als einziges Land der Anti-Hitler-Koalition seit Kriegsausbruch 1939 ununterbrochen gegen Nazi-Deutschland gekämpft. Und obwohl das Land 1945 erschöpft war, verstand es sich doch mit einiger Berechtigung nach wie vor als Weltmacht. Die britische Politik definierte als Folge dieses Selbstverständnisses drei wesentliche Handlungsfelder: an erster Stelle das *Empire* und die Beziehungen zu den in die Unabhängigkeit entlassenen Gebieten (aus denen sich der *Commonwealth* entwickeln sollte); sodann die sogenannte *special relationship*, die besonderen Beziehungen zu den Vereinigten Staaten; und schließlich – mit deutlich niedrigerem Stellenwert – Westeuropa. Das Hauptaugenmerk britischer Politik lag somit eindeutig außerhalb Europas.

In der zweiten Hälfte der fünfziger Jahre veränderten sich die Rahmenbedingungen britischer Politik. Vor allem das

«Suez-Abenteuer» von 1956 hatte gezeigt, daß der militärisch-politische Handlungsspielraum des Vereinigten Königreichs eingeschränkt war. Gegen den Willen der Supermächte waren militärische Aktionen nicht mehr möglich, und auch die *special relationship* zu den USA hatte sich als brüchig erwiesen: Präsident Dwight D. Eisenhower hatte in der Krise eindeutig gegen seine britischen Verbündeten Stellung bezogen. Die Dekolonisation schließlich ließ das *Empire* immer mehr an Gewicht verlieren; an seine Stelle trat der – in seiner Bedeutung auch nicht annähernd vergleichbare – *Commonwealth*, der ursprünglich nur als «Ergänzung» gedacht war.

Aufgrund dieser Entwicklung erschien es der Regierung in London geraten, ihr Augenmerk auf Europa zu richten. Zunächst versuchte die britische Regierung, dem EWG-Projekt eigene Pläne zum Aufbau einer europäischen Freihandelszone als Alternative entgegenzusetzen: Abgesehen von den nach wie vor bestehenden prinzipiellen Bedenken waren die Handelsbeziehungen zum *Commonwealth* noch zu wichtig – ein Beitritt zur EWG hätte bedeutet, sich dem gemeinsamen Außenzoll zu unterwerfen und damit die auf Freihandel beruhenden Wirtschaftsbeziehungen zu den ehemaligen Kolonien zu kappen. Hinzu kam die geringe Bedeutung der britischen Landwirtschaft; eine Subventionierung kontinentaleuropäischer Bauern durch den britischen Staat kam für die Londoner Regierung nicht in Frage. Großbritannien zog sich daher nach ersten Sondierungen aus den Verhandlungen mit den Sechs zurück. Stattdessen initiierte London die Europäische Freihandelszone (*European Free Trade Association*, EFTA), die im Januar 1960 in Stockholm gegründet wurde. Neben dem Vereinigten Königreich gehörten ihr Dänemark, Norwegen, Österreich, Portugal, Schweden und die Schweiz an.

Die EFTA erwies sich jedoch als wenig wirkungsvoll, die britische Wirtschaft stagnierte. Bereits 1961, nur ein Jahr nach Gründung der EFTA, stellte die britische Regierung daher erstmals einen Antrag, den europäischen Organisationen beitreten zu können. Obwohl der Antrag von allen anderen

Mitgliedstaaten begrüßt wurde, scheiterte er am Widerstand Frankreichs. De Gaulle sah in den Briten das «trojanische Pferd» der Amerikaner; eine britische Mitgliedschaft gefährdete in seinen Augen das französische Projekt einer «Europe européenne» mit größerer Unabhängigkeit von den USA. Außerdem hätte ein Beitritt Großbritanniens den politischen Primat Frankreichs in Europa gefährdet und die Exklusivität der deutsch-französischen Beziehungen in Frage gestellt. Kommerzielle Interessen kamen hinzu.

1967 stellte Großbritannien erneut ein Beitrittsgesuch. Doch de Gaulle sprach sich abermals entschieden gegen einen britischen Beitritt zu den europäischen Verträgen aus. Erst mit dem Amtsantritt von Präsident Georges Pompidou änderte sich die französische Haltung. Frankreich sah nun in Großbritannien ein (nicht unwillkommenes) Gegengewicht zu einer zunehmend selbstbewußten und, seit Amtsantritt der Regierung Brandt, auch außenpolitisch unabhängiger agierenden Bundesrepublik. Der Beitrittswunsch Großbritanniens wurde daher dieses Mal positiv beschieden. Mit Zustimmung aller Mitgliedstaaten trat Großbritannien unter der Führung von Premierminister Edward Heath 1973 den Europäischen Gemeinschaften bei.

Zusammen mit Großbritannien wurden Irland und Dänemark neue Mitglieder der Gemeinschaften. In der ersten Phase der europäischen Integration hatten diese Länder (wie Großbritannien) wenig Interesse an einer Mitwirkung in den europäischen Institutionen gezeigt. Die dänische Wirtschaft war traditionell auf Skandinavien und – ebenso wie die irische – auf Großbritannien ausgerichtet; solange Großbritannien außerhalb «Europas» blieb, hatten auch diese Staaten wenig Grund zum Beitritt. Konsequenterweise bewarben sich auch Irland und Dänemark schon 1961 zusammen mit den Briten um eine Mitgliedschaft, stellten dann aber ihr Beitrittsgesuch aus Solidarität mit Großbritannien zurück. 1973 erfolgte dann der gemeinsame Beitritt. Ein Land, das sich ebenfalls seit 1961 um eine Mitgliedschaft bemüht hatte, fehlte allerdings: In Norwegen hatte sich im September 1972 eine

Mehrheit der Bevölkerung in einem Referendum gegen die Mitgliedschaft ausgesprochen.

Eine weitere Erweiterungswelle folgte in den achtziger Jahren. Doch im Falle Griechenlands und der beiden Staaten der Iberischen Halbinsel lagen die Dinge anders als bei der Nordwesterweiterung der siebziger Jahre. Griechenland war seit Kriegsende 1945 politisch instabil gewesen, geographisch wie politisch in einer Randposition. Zudem hinkte das weitgehend agrarisch geprägte Land in seiner wirtschaftlichen Entwicklung den westeuropäischen Staaten hinterher. Als Griechenland schon bald nach dem Abschluß der Römischen Verträge die Annäherung an Europa suchte, ging man daher in Brüssel von einer langen Übergangsphase aus, die einem Beitritt vorangehen müsse. 1962 wurde ein Assoziierungsabkommen geschlossen, das diese Übergangsphase strukturieren sollte. Als es im April 1967 in Athen zu einem Staatsstreich kam und eine Gruppe von Offizieren die Macht übernahm, wurde das Abkommen *de facto* ausgesetzt. Griechenland blieb von der weiteren Entwicklung des Integrationsprozesses vorerst ausgeschlossen.

Erst die Rückkehr zu einer zivilen und demokratischen Regierungsform im Juni 1974 im Gefolge der – von der griechischen Militärjunta provozierten – Zypernkrise änderte die Situation. Bereits im November 1974 machte die neue Regierung deutlich, daß sie so schnell wie möglich den europäischen Organisationen beizutreten wünschte. Im Juli 1976 wurden Beitrittsverhandlungen aufgenommen – nicht zuletzt, um zur Stabilisierung der jungen Demokratie beizutragen. 1981 wurde Griechenland schließlich Mitglied der Gemeinschaft.

Ein ähnliches Motiv wie im Falle Griechenlands lag auch der Aufnahme Spaniens und Portugals zugrunde. Beide Staaten wurden in den fünfziger und sechziger Jahren diktatorisch regiert. Obwohl Artikel 237 des EWG-Vertrags festlegte, daß jeder europäische Staat um Mitgliedschaft in der Gemeinschaft nachsuchen könne, war auch damals schon klar, daß eine demokratische Verfassungsordnung unabdingbare Voraussetzung für einen Beitritt war.

Beide Staaten forderten schon 1962 die Aufnahme von Verhandlungen über ein Assoziierungsabkommen. Die Gemeinschaft verhielt sich jedoch zurückhaltend, und erst 1970 kam es zwischen der Gemeinschaft und Spanien zu einem Handelsabkommen. Mit Portugal gab es vertragliche Beziehungen ab 1973, im Rahmen eines Abkommens zwischen der EWG und der EFTA. Erst mit der «Nelkenrevolution» in Portugal im April 1974, die zum Sturz des Diktators Caetano führte, änderte sich die Lage. Das Land demokratisierte sich, ebenso wie Spanien, wo nach dem Tod des *Caudillo*, Francisco Franco, im Jahr 1975 eine konstitutionelle Monarchie eingeführt wurde. Portugal stellte im März 1977 einen Aufnahmeantrag, Spanien im Juli desselben Jahres. Die wirtschaftlichen und gesellschaftlichen Strukturen der Iberischen Halbinsel, die von denen der «alten» Mitglieder der Gemeinschaft grundverschieden waren, machten die Verhandlungen schwierig und langwierig. Erst Mitte der achtziger Jahre konnten sie abgeschlossen werden; am 1. Januar 1986 traten Spanien und Portugal den Europäischen Gemeinschaften bei.

Reformdiskussion und Einheitliche Europäische Akte (EEA).
Mit dem Beitritt Spaniens und Portugals gewann eine seit längerem geforderte und notwendige Reform der europäischen Institutionen an Dringlichkeit. Die Mitgliederzahl der Gemeinschaft hatte sich seit der Gründung verdoppelt. Die Notwendigkeit, alle Entscheidungen im Konsens zu treffen, führte angesichts dieser Tatsache oftmals zu einer Lähmung der Gemeinschaftspolitik. Dazu trug nicht zuletzt die instabile wirtschaftliche Entwicklung des Jahrzehnts bei: 1971 kündigte der amerikanische Präsident Richard Nixon einseitig die Goldbindung des US-Dollars auf. Auf dieser Goldbindung hatte das nach dem Zweiten Weltkrieg im amerikanischen Bretton Woods entwickelte Weltwährungssystem beruht.

Ein wesentliches Element der weltwirtschaftlichen Nachkriegsordnung war damit zusammengebrochen. Allgemeine inflationäre Tendenzen zu Beginn der siebziger Jahre verstärkten den Eindruck ökonomischer Instabilität. Die Krise verschärfte sich, als die arabischen Staaten im Oktober 1973, am jüdischen Versöhnungsfest Yom Kippur, Israel angriffen. Als Sanktion gegen die Unterstützung Israels durch die führenden Staaten des Westens – allen voran die USA – drosselten die Mitgliedstaaten der OPEC (Organisation Erdölexportierender Länder, *Organization of Petrol Exporting Countries*) ihre Rohölförderung drastisch. Die Ölpreise stiegen weltweit dramatisch an. Die weitere Entwicklung der Weltwirtschaft, die stark von der Versorgung mit Rohöl und Ölprodukten abhängig war, schien dauerhaft gefährdet. Die in der Europäischen Gemeinschaft zusammengeschlossenen Staaten reagierten unterschiedlich auf die Wirtschaftskrise. Unkooperatives und zum Teil auch vertragswidriges Handeln von seiten einzelner Mitgliedstaaten häufte sich. Regelungen des Gemeinsamen Marktes wurden mißachtet, wo dies für die wirtschaftliche Prosperität des eigenen Landes nützlich erschien, auch wenn dies auf Kosten der Partner in der Gemeinschaft ging. Die europäische Integration war, so der allgemeine Eindruck, an einem Tiefpunkt angelangt.

Schon früh entfaltete sich angesichts dieser Problemlage eine intensive Reformdiskussion. Zahlreiche Kommissionen und ebenso zahlreiche Berichte beschäftigten sich mit den Problemen und möglichen Lösungen. 1975 veröffentlichte der belgische Premierminister Leo Tindemans einen von den Staats- und Regierungschefs in Auftrag gegebenen Bericht über Lage und Zukunft der europäischen Integration. Der Bericht verschwand jedoch ebenso in den Archiven wie der Bericht der «Drei Weisen» vier Jahre später. Auch diese Kommission (bestehend aus dem früheren niederländischen Premierminister Barend Biesheuvel, dem ehemaligen britischen Minister Edmund Dell und dem früheren französischen Kommissionsmitglied Robert Marjolin) forderte Änderungen der institutionellen Struktur.

Den umfassendsten und gewagtesten Reformvorschlag brachte das Europäische Parlament in die Diskussion ein. Der Vertragsentwurf für eine Europäische Union, der im Februar 1984 mit deutlicher Mehrheit verabschiedet wurde, sah umfassende institutionelle Reformen mit dem Ziel vor, Transparenz, Effizienz und Legitimität des europäischen Zusammenschlusses zu stärken. Die Zuständigkeiten der zu gründenden Union waren in dem Vertragsentwurf umfassend und abschließend geregelt. Auch dieser Entwurf des Europaparlaments für einen Unionsvertrag blieb jedoch eine Fußnote der Geschichte – es fehlte dem Europäischen Parlament schlichtweg die Kompetenz, eine Verfassung zu beschließen.

Erfolgreicher war die Initiative der Außenminister der Bundesrepublik und Italiens, Hans-Dietrich Genscher und Emilio Colombo. Ihr Vorschlag, der Genscher-Colombo-Plan, wurde 1981 in Form eines Entwurfs einer «Europäischen Akte» vorgelegt, der eine Ausdehnung der gemeinsamen Politiken und der Kooperationsbereiche vorsah. In institutioneller Hinsicht sah der Plan eine Einschränkung des Einstimmigkeitsprinzips im Ministerrat sowie eine Stärkung des Europaparlaments vor. Außerdem wurde eine engere Kooperation in der Kultur-, Innen- und Rechtspolitik angeregt. Auch diesen Vorschlag ereilte zunächst das Schicksal früherer Berichte: Die Idee eines neuen Vertrages wurde abgelehnt. Kleinster gemeinsamer Nenner blieb eine «Feierliche Deklaration zur Europäischen Union», die auf dem Gipfeltreffen in Stuttgart im Juni 1983 verkündet wurde. Die Erklärung beschränkte sich darauf, bestehende Praktiken zu bekräftigen, am Ziel einer europäischen Union festzuhalten und erstmals wenigstens politisch die Rolle des Europäischen Rates zu definieren, der noch immer in keiner rechtlichen Beziehung zu den Gemeinschaften stand.

Bereits ein Jahr später wurde die Initiative Genschers und Colombos jedoch – wenngleich in veränderter Gestalt – wieder aufgegriffen. Die Konstellationen hatten sich geändert. In Frankreich war François Mitterrands Versuch einer sozialistischen Wirtschaftpolitik, in deren Zeichen er die Präsidentschaftswahlen von 1981 gewonnen hatte, gescheitert. Mitterrand sah sich angesichts der schlechten Lage der französischen Wirtschaft und ihrer mangelnden Konkurrenzfähigkeit gezwungen, einer Liberalisierung der Außenwirtschafts-

beziehungen zuzustimmen; nur die Form der Liberalisierungs-
politik blieb zunächst offen. Eine europäische Lösung stellte,
technisch gesehen, einen geeigneten Weg dar. Politisch konnte
sie zudem als Legitimationsquelle für einen radikalen Wandel in der französischen Politik dienen: Europäischer Druck,
so das Argument, zwang Frankreich zu einem Kurswechsel.
«Europa» verschaffte dem Staatspräsidenten aber auch die
Möglichkeit, ein zuvor vernachlässigtes politisches Ziel – das
Vorantreiben der europäischen Integration – in den Vordergrund zu stellen und so den bisherigen Hauptbezugspunkt
seiner Politik, die Verfolgung einer gerechteren, sozialistischen
Wirtschaftspolitik, in den Hintergrund treten zu lassen.

Mitterrands neues europapolitisches Engagement traf sich
mit dem Bestreben des neuen deutschen Bundeskanzlers Helmut Kohl und seines Außenministers Hans-Dietrich Genscher,
die europäische Einigung voranzubringen. 1984 hatte Kohl
im Bundestag erklärt, sein Ziel seien die «Vereinigten Staaten
von Europa». Ein wiederbelebtes deutsch-französisches «Tan-
dem», dessen beide Führer einen Erfolg und eine Reform der
Europäischen Gemeinschaften herbeizuführen entschlossen
waren, verliehen der Integration eine neue Dynamik. Im Juni
1984 beschloß der in Fontainebleau versammelte Europäische
Rat die Einsetzung zweier Arbeitsgruppen zum «Europa der
Bürger» und zur politischen Reform der Gemeinschaften. Als
der Europäische Rat ein Jahr später, im Juni 1985, über die
Reformvorschläge und die Einberufung einer Regierungskonferenz diskutierte, sprachen sich London, Kopenhagen und
Athen zwar gegen eine Revision der Gründungsverträge aus.
Die Mehrheit der Mitgliedstaaten votierte jedoch für eine solche Konferenz. Damit wurde das seit dem Luxemburger
Kompromiß unantastbar erscheinende Einstimmigkeitsprinzip
erstmals in einer wichtigen Frage durchbrochen. Es zeigt die
Bedeutung des Integrationsprozesses für alle Mitgliedstaaten,
daß trotz anfänglicher Ablehnung und nach wie vor beste-
hender Skepsis auch Großbritannien, Dänemark und Griechenland an der Regierungskonferenz teilnahmen: Wenn man
eine Revisionskonferenz schon nicht grundsätzlich verhindern

konnte, sollte wenigstens das Ergebnis der Verhandlungen beeinflußt werden.

Dieses Ergebnis, die Einheitliche Europäische Akte (EEA), die am 28. Februar 1986 unterzeichnet wurde und am 1. Juli 1987 in Kraft trat, war die bis dahin umfassendste Reform der Gemeinschaften. Insbesondere wurde der Luxemburger Kompromiß nun endgültig überwunden. Obwohl kaum ein Beteiligter am Verhandlungsprozeß sich offen hierzu bekannt hätte, stellte Artikel 3 der EEA doch in kaum verhüllter Deutlichkeit fest: Die «Organe der Europäischen Gemeinschaften üben ihre Befugnisse und Zuständigkeiten *unter den Bedingungen* und im Hinblick auf die Ziele aus», die in den Gründungsverträgen vorgesehen waren. Die Möglichkeit von Mehrheitsentscheidungen im Ministerrat war damit wieder eröffnet – in den Bereichen, in denen die Verträge von Paris und Rom dies ursprünglich vorgesehen hatten, sowie in einigen in der Akte neu eingeführten Vertragsbestimmungen, die die Gründungsverträge ausdrücklich abänderten.

Neu war auch das «Verfahren der Zusammenarbeit» von Rat und Parlament in der Gesetzgebung. In bestimmten, im einzelnen aufgeführten Bereichen hatte das Europäische Parlament fortan ein Mitspracherecht in der europäischen Gesetzgebung – wenngleich ein eingeschränktes. Änderte das Parlament mit absoluter Mehrheit seiner Mitglieder einen Beschluss des Rates oder lehnte diesen ab, konnte der Rat sich dem nur verweigern, wenn seine Entscheidung einstimmig zustandekam. Bei einem Konsens beider Organe reichte die qualifizierte Mehrheit zur Abänderung eines Beschlusses aus.

Die Konstitutionalisierung der Gemeinschaft war mit der Einheitlichen Europäischen Akte ein gutes Stück vorangekommen. Mit der Einbeziehung des direkt gewählten Europaparlaments in das Gesetzgebungsverfahren, zumindest in ausgewählten Bereichen, wurde die demokratische Kontrolle des europäischen Regierungshandelns verbessert, auch wenn der Rat im Zweifelsfall noch immer gegen den Mehrheitswillen des Parlaments handeln konnte. Und die (Wieder-)Einführung der Möglichkeit qualifizierter Mehrheitsentscheidungen bedeutete, daß das mit dem Luxemburger Kompromiß gefundene Gleichgewicht zwischen der Verbindlichkeit der europäischen Rechtsordnung einerseits und der Sicherung des Mitspracherechts aller Mitglieder durch das Einstimmigkeitsprinzip andererseits aufgehoben war. Hatte bislang das Veto eines einzelnen Mitgliedstaates wie ein Damoklesschwert über jeder Entscheidung gehangen, so bestand künftig die Gefahr, überstimmt zu werden. Auch wenn die Konsenssuche das übliche Verfahren blieb, selbst in Bereichen, in denen formal mit Mehrheit entschieden werden konnte, so wurde sie durch die im Raum stehende «Drohung mit der Abstimmung» doch wesentlich erleichtert.

Die Vollendung des Binnenmarktes. Mehrheitsentscheidungen im Ministerrat wurden insbesondere für einen Politikbereich vorgesehen, der wohl den wichtigsten Inhalt der Einheitlichen Europäischen Akte darstellte: die Maßnahmen zur Vollendung des Binnenmarktes. Dem EWG-Vertrag wurde ein neuer Artikel 8a hinzugefügt, der bestimmte: «Die Gemeinschaft trifft die erforderlichen Maßnahmen, um bis zum 31. Dezember 1992 ... den Binnenmarkt schrittweise zu verwirklichen. Der Binnenmarkt umfaßt einen Raum ohne Binnengrenzen, in dem der freie Verkehr von Waren, Personen, Dienstleistungen und Kapital ... gewährleistet ist.» Nachdem schon seit 1968 eine Zollunion zwischen den Mitgliedstaaten der Gemeinschaften bestand, sollten nun auch nichttarifäre Handelshemmnisse wie unterschiedliche Sicherheits- und Verbraucherschutzstandards und verschiedene Steuersätze so weit wie möglich abgebaut werden.

Bei dem Binnenmarktprogramm handelte es sich um ein Vorhaben, das auch in die politische Programmatik der «europaskeptischen» Regierungen paßte. Es schien nicht die «Gefahr» eines weiteren Souveränitätsverlustes in sich zu bergen, handelte es sich doch recht eigentlich um ein altes, schon 1957 festgeschriebenes Vertragsziel, das nur noch nicht vollständig verwirklicht worden war. Selbst der Aufgabe des Einstimmigkeitsprinzips für Binnenmarktangelegenheiten vermochten sie zuzustimmen. Mehrheitsentscheidungen konnten nämlich die Umsetzung des Programms auch dann garantieren, wenn ein Mitgliedstaat sich gegen einzelne Maßnahmen sträubte. Darüber hinaus ermöglichten sie es, einmal verabschiedete Rechtsakte abzuändern, ohne daß es hierfür erneut des Konsenses aller Mitgliedstaaten bedürfte. Die strikte Einhaltung der Gemeinschaftsnormen, die der Gerichtshof so rigoros durchgesetzt hatte, erschien so leichter zu ertragen.

Die Mitgliedstaaten verzichteten also auf ihr Vetorecht, um das von allen geteilte Ziel des Binnenmarktes erreichen zu können, obwohl dies bedeutete, in einzelnen Fragen in eine Minderheitenposition geraten zu können. Zumindest galt dieser Grundsatz solange, wie essentielle Bestandteile der nationalen Souveränität nicht berührt waren. Dieser Vorgabe entsprechend waren die Grenzen der Reform der Entscheidungsprozesse ausgestaltet: Im Bereich der Steuerpolitik etwa blieb der Zwang zum Konsens erhalten. Zwar hätte die Harmonisierung von Steuersätzen einen wichtigen Beitrag zur Herstellung echter Chancengleichheit für Wettbewerber aus verschiedenen europäischen Staaten geleistet. Mehrere Mitgliedstaaten, allen voran Großbritannien, waren jedoch unter keinen Umständen bereit, ihr souveränes Recht der Steuererhebung einschränken zu lassen. Aus demselben Grund stieß eine Reihe weiterer Anpassungsmaßnahmen auf Widerstand, die nach Auffassung vieler der Integration eher skeptisch gegenüberstehender Politiker eine wesentliche Beeinträchtigung der nationalen Souveränitätsrechte mit sich gebracht hätten: so zum Beispiel die Frage der Gewährleistung von Freizügigkeit mit all den damit zusammenhängenden Problemen wie Aufenthaltsgenehmigungen, Arbeitserlaubnissen oder grenzüberschreitender Kriminalität. Während der freie Verkehr von Waren, Dienstleistungen und Kapital somit bis zum 31. Dezember 1992 im Europarecht verankert wurde und die hierzu nötigen Maßnahmen weitgehend unstrittig waren, blieb der freie Personenverkehr zunächst außen vor.

Die Anfänge der politischen Integration. Außerhalb der Verfahren der Europäischen Gemeinschaften hatte sich in den siebziger Jahren auch eine Zusammenarbeit der EG-Mitgliedstaaten in der Außenpolitik entwickelt, die in der Einheitlichen Europäischen Akte erstmals vertraglich fixiert wurde: die Europäische Politische Zusammenarbeit (EPZ). Anders als im Fall des Binnenmarktprogramms oder der neuen Bestimmungen zum Umweltschutz, zur Regionalpolitik oder zur Forschungszusammenarbeit wurde hierfür aber nicht der Weg gewählt, die Gründungsverträge von Paris und Rom abzuändern. Die EPZ blieb außerhalb der Gemeinschaftszuständigkeiten; sie wurde aber dadurch in einen engen Zusammenhang mit den Gemeinschaften gestellt, daß sie in der Einheitlichen Europäischen Akte kodifiziert wurde – demselben Vertrag, der auch die Bestimmungen zur Abänderung der Gründungsverträge enthielt und in seinem Artikel 1 das Ziel der Gemeinschaften und der EPZ umschrieb: «... gemeinsam zu konkreten Fortschritten auf dem Wege zur Europäischen Union beizutragen.»

Die Anfänge der EPZ lagen in den frühen siebziger Jahren. Eine Gruppe von Diplomaten und Beamten der nationalen Außenministerien unter Vorsitz des Belgiers Etienne Davignon erarbeitete im Anschluß an ein Gipfeltreffen der Staats- und Regierungschefs im Dezember 1969 einen Vorschlag für eine Europäische Politische Zusammenarbeit, der den Staats- und Regierungschefs auf ihrem nächsten Gipfeltreffen im Oktober 1970 in Luxemburg vorgelegt wurde. Die neue europäische Zusammenarbeit im Bereich der Außenpolitik sollte der Koordination der nationalen Politiken durch regelmäßige Konsultationen auf der Ebene der Außenminister und, wo möglich, der Harmonisierung nationaler Standpunkte dienen. Feste organisatorische Strukturen waren hingegen kaum vorgesehen. Einzig ein «Politisches Komitee» wurde etabliert, das die halbjährlich vorgesehenen Treffen der Außenminister vorbereiten und aus den Politischen Direktoren der nationalen Ministerien bestehen sollte. Supranationale Institutionen wie Kommission und Parlament blieben weitgehend ohne Kompetenzen.

Die politische Zusammenarbeit der EWG-Mitgliedstaaten hatte in den siebziger Jahren Fortschritte wie Rückschläge zu verzeichnen. Zum einen gelang es den europäischen Staaten, zum KSZE-Prozeß eine gemeinsame Haltung zu entwickeln. Die KSZE-Schlußakte von Helsinki wurde 1975 nicht nur von den Staats- und Regierungschefs im Namen ihrer jeweiligen Nation unterzeichnet. Der italienische Ministerpräsident Aldo Moro setzte seine Unterschrift unter das Dokument auch «im Namen der Europäischen Gemeinschaften» – eine Unterschrift, die auch symbolisierte, daß die strikte Trennung von EWG und EPZ zunehmend abgebaut wurde.

Auf der anderen Seite war es für die mittlerweile neun Mitgliedstaaten schwer, eine gemeinsame Haltung zum wichtigsten internationalen Konflikt der frühen siebziger Jahre, dem Nahostkonflikt, zu entwickeln. Als die arabischen Staaten im Oktober 1973 Israel angriffen, herrschte in Europa Uneinigkeit – nicht zuletzt wegen der wirtschaftlichen Auswirkungen, die mit dem Konflikt und der folgenden «Ölkrise» verbunden waren. Und auch als die Sowjetunion 1979 in Afghanistan einmarschierte, erwies sich die EPZ als wenig effizient. Die Neun reagierten unkoordiniert und langsam. Das bissige Diktum des Sicherheitsberaters (und zeitweise auch Außenministers) während der Nixon- und der Ford-Administration, Henry Kissinger, er wisse nicht, welche Nummer er wählen solle, um mit «Europa» zu sprechen, skizzierte auch Ende der siebziger Jahre noch treffend den Zustand europäischer Außenpolitik.

Zu Anfang der achtziger Jahre aber kam Bewegung in die EPZ. Die Rolle der Kommission bei der Formulierung und Gestaltung gemeinsamer europäischer Außenpolitik wurde gestärkt, die Trennung zwischen EWG und EPZ also weiter abgebaut. Mit der Einheitlichen Europäischen Akte wurde die enge Verbindung der supranationalen Gemeinschaften mit der intergouvernementellen außenpolitischen Zusammenarbeit schließlich auch vertraglich dokumentiert. Sie bildete somit auch in diesem Bereich den Auftakt zu einem Qualitätssprung in der Geschichte der europäischen Einigung.

III. Institutionen und Politik der Europäischen Union

1. Die Gründung der Europäischen Union: Der Vertrag von Maastricht

Daß die Einheitliche Europäische Akte den Auftakt zu einer Beschleunigung des europäischen Einigungsprozesses darstellen würde, hatten ihre Kritiker nicht für möglich gehalten. Die Unterhändler der nationalen Regierungen hatten in das Vertragswerk «Sicherheitsmechanismen» eingebaut, die ein automatisches Übergreifen des Integrationsprozesses auf neue Politikbereiche und eine Ausweitung des Anwendungsbereichs von Mehrheitsentscheidungen verhindern sollten. Die «Europa» skeptisch gegenüberstehenden Politiker, allen voran Margaret Thatcher, waren zufrieden – ganz im Gegensatz zu den Befürwortern einer immer engeren Union der europäischen Staaten und Völker.

Die neue Dynamik – Gründe und Motive. Daß der Integrationsprozeß dennoch in großen Schritten vorankam, hatte im wesentlichen drei Gründe. *Erstens* entwickelte sich zum ersten Mal seit den Gründerjahren der Gemeinschaften wieder eine Dynamik des *spill-over*. Die Interdependenz der verschiedenen Politikbereiche wurde immer deutlicher; die daraus resultierenden Fragen waren offensichtlich. Erforderte ein Gemeinsamer Markt nicht auch eine gemeinsame Währung? Und bedeuteten die «vier Freiheiten» dieses Marktes – Freizügigkeit von Personen, Waren, Dienstleistungen und Kapital – nicht auch, daß die Kontrollmechanismen vergemeinschaftet werden mußten?

Zweitens hatten sich mit der Einheitlichen Europäischen Akte erneut die institutionellen Gewichte verschoben. Hatte die Krise der Jahre 1965/66 zu einer Schwächung der Euro-

päischen Kommission geführt, die durch die Personalpolitik
der beiden folgenden Jahrzehnte auch in der Öffentlichkeit
sichtbar wurde, so stärkten die Reformen der Akte die Rolle
der Kommission nun wieder. In einem politischen System, das
Mehrheitsentscheidungen kennt, kommt dem Initiativmonopol der Kommission erhöhte Bedeutung zu. Denn die Notwendigkeit, eine Initiative bereits im Vorfeld mit den Mitgliedstaaten abzustimmen, wird deutlich geringer.

Entscheidender als diese strukturellen Faktoren war aber
ein persönlicher. Seit Januar 1985 war Jacques Delors Präsident der Europäischen Kommission. In diesem Amt entfaltete
der enge Vertraute des französischen Präsidenten François
Mitterrand von Beginn an vielfältige Aktivitäten; dabei ach-
tete er darauf, Vorschläge und Initiativen so zu formulieren,
daß sie für die Mitgliedstaaten zustimmungsfähig waren. Das
Binnenmarktprojekt – schon unter der Vorgängerkommission
unter Gaston Thorn angestoßen – entfaltete in der Amtszeit
Delors' und unter seiner politischen Führung seine volle Wirksamkeit, nicht zuletzt, weil es offensiv «vermarktet», mit
einem Symbolkraft entfaltenden Zieldatum – «1992» – verse-
hen und durch einen detaillierten Katalog von zu beschlie-
ßenden Maßnahmen konkretisiert wurde. Zugute kam Delors,
daß mit François Mitterrand und Helmut Kohl die Zugfüh-
rer der «deutsch-französischen Lokomotive» sein europäisches Programm unterstützten. Denn auch wenn der Einfluß
der Kommission wieder stieg – die Veränderungen der sechziger und siebziger Jahre hatten dazu geführt, daß ohne die
Staats- und Regierungschefs auch der energischste Kommis-
sionspräsident wenig vermochte.

Drittens schließlich beschleunigten weltpolitische Veränderungen die weitere Integration Europas. Am 9. November
1989 fiel in Berlin die Mauer. Das Ereignis verdeutlichte den
Untergang des «real existierenden Sozialismus» in Osteuropa,
den Zusammenbruch des sowjetisch dominierten Ostblocks
und das Ende des Ost-West-Konflikts. Die Öffnung des Bran-
denburger Tores stellte aber auch die «deutsche Frage» neu,
die man längst beantwortet geglaubt hatte. Von der Aussicht

auf ein wiedervereinigtes, mächtiges Deutschland waren die Partner der Bundesrepublik nicht allzu begeistert; vor allem die ehemaligen Siegermächte des Zweiten Weltkriegs, Frankreich und Großbritannien, befürchteten massive Verschiebungen der europäischen Machtgewichte. Bundeskanzler Helmut Kohl war unter diesen Umständen entschlossen, den Eindruck eines neuen «deutschen Sonderwegs» nicht aufkommen zu lassen. Die deutsche Wiedervereinigung, so verkündete er unablässig, sollte gerade nicht auf Kosten des europäischen Integrationsprozesses gehen, sondern ihn im Gegenteil stärken und beschleunigen. Die britische Premierministerin konnte Kohl mit diesem Bekenntnis zu Europa zwar nicht besänftigen. Es gelang dem Bundeskanzler aber, François Mitterrand von der Festigkeit des deutschen Engagements für Europa zu überzeugen und ihn so von seiner ablehnenden Haltung gegenüber der deutschen Einheit abzubringen. Die politische Entwicklung tat ein übriges. Von Beginn an hatten die Vereinigten Staaten, allen voran Präsident George Bush, ihre Unterstützung für eine Vereinigung der Bundesrepublik mit der DDR bekundet. Um die Jahreswende 1989/90 signalisierte auch der sowjetische Präsident Michail Gorbatschow, daß er der deutschen Einheit unter bestimmten Bedingungen zustimmen könnte. Französischer und britischer Widerstand war angesichts der Haltung der Supermächte und der inneren Entwicklung in der DDR mehr und mehr zwecklos. Während London weiter versuchte, den Eilzug zur Wiedervereinigung aufzuhalten oder wenigstens zu bremsen, bemühte sich Paris fortan, Deutschland durch die Verankerung in Europa einzubinden und zu kontrollieren. Mitterrands Politik setzte mithin die französische Deutschlandpolitik der späten vierziger und der fünfziger Jahre, wie sie im Schuman-Plan ihren klarsten Ausdruck gefunden hatte, konsequent fort. Und auch Helmut Kohl stellte sich in die Kontinuität von Konrad Adenauer, indem er es geschickt verstand, nationale Interessen in den europäischen Kontext einzufügen und so Mißtrauen abzubauen.

Bereits im Dezember 1989 hatte der Europäische Rat auf seiner Tagung in Straßburg die Einsetzung einer Regierungskonferenz beschlossen, die eine Europäische Wirtschafts- und Währungsunion vorbereiten sollte. Im April 1990 nun ergriffen François Mitterrand und Helmut Kohl unter dem Eindruck der Ereignisse in Osteuropa und der DDR eine gemeinsame Initiative zur Beschleunigung und Vertiefung des europäischen Integrationsprozesses. Neben die Regierungskonferenz über die Wirtschafts- und Währungsunion sollte eine weitere Regierungskonferenz über eine «Politische Union» treten; zudem einigten sich Paris und Bonn auf einen Zeitplan, demzufolge die Reformen bis Anfang 1993 in Kraft treten sollten.

Im Laufe des nächsten Jahres erarbeiteten die Regierungskonferenzen einen Vertragstext. Im Dezember 1991 wurde er von den Staats- und Regierungschefs der Mitgliedstaaten in Maastricht gebilligt. Am selben Ort wurde der «Vertrag über die Europäische Union» am 7. Februar 1992 unterzeichnet. Sein Inkrafttreten verzögerte sich allerdings bis zum 1. November 1993. Denn in Irland, Frankreich und Dänemark mußten die Bürger in Volksabstimmungen den Vertrag billigen. Während sich eine deutliche Mehrheit der Iren für die Annahme des Vertrages aussprach, erhielt er in Frankreich nur eine sehr knappe Mehrheit. Die Dänen lehnten die Ratifikation des EU-Vertrages zunächst sogar mit 50,7 Prozent der abgegebenen Stimmen ab. Erst nachdem der Europäische Rat dem Königreich Dänemark Ende 1992 in Edinburgh umfangreiche Ausnahmeregelungen gewährt hatte, billigte auch die dänische Bevölkerung in einem zweiten Referendum im Mai 1993 den Vertragstext.

Bevor der Vertrag in Kraft treten konnte, war nun noch eine letzte Hürde zu überwinden: das deutsche Bundesverfassungsgericht. Am 12. Oktober 1993 wies der Zweite Senat des Gerichts mehrere Verfassungsbeschwerden gegen die Ratifikation des Vertrags von Maastricht im Deutschen Bundestag zurück. Damit konnte Deutschland als letzter der zwölf Mitgliedstaaten die Ratfikationsurkunde hinterlegen. Die Europäische Union war begründet.

Die Struktur der Europäischen Union. Die in Maastricht geschaffene «Europäische Union» ist ein seltsames Gebilde. In ihrer «Architektur» erinnert sie an einen griechischen Tempel, der auf drei Säulen ruht. Zwei dieser Säulen waren nicht neu: Die erste Säule, die drei Europäischen Gemeinschaften, stand schon seit den fünfziger Jahren und wurde jetzt nur noch einmal renoviert. Auch die zweite Säule konnte zumindest auf ältere Fundamente aufbauen, wenngleich diese Fundamente neueren Datums waren als die der ersten Säule: Die im Vertrag von Maastricht begründete «Gemeinsame Außen- und Sicherheitspolitik» (GASP) stellte eine behutsame Fortentwicklung der Europäischen Politischen Zusammenarbeit der siebziger und achtziger Jahre dar. Nur die dritte Säule, die «Zusammenarbeit in den Bereichen Justiz und Inneres» (ZBJI), hatte keine nennenswerten Vorläufer und war somit ein neues Handlungsfeld für das europäische Gemeinwesen. Diese drei miteinander weitgehend unverbundenen, nebeneinander stehenden Säulen werden durch ein gemeinsames «Dach» zusammengehalten: die gemeinsamen Organe und Institutionen der Union.

Das Bild vom «Tempel» dient der Illustration (und vor allem der Vereinfachung) eines äußerst komplexen, unübersichtlichen politischen Systems. Es ist in vielerlei Hinsicht ein schiefes Bild. Denn die jeweilige Bedeutung der drei Säulen ist äußerst unterschiedlich. Die tragende Säule des Bauwerks «Europäische Union» ist zweifellos die erste: Die drei Europäischen Gemeinschaften. Eigentlich handelt es sich dabei nicht um eine aus einem Block geschaffene Säule, sondern um eine dreifach gespaltene: Gespalten in die Europäische Wirtschaftsgemeinschaft, die nunmehr in «Europäische Gemeinschaft» (EG) umbenannt wurde, die Europäische Gemeinschaft für Kohle und Stahl (EGKS) und die Europäische Atomgemeinschaft (Euratom). Allerdings können die EGKS und Euratom als «Zierde» ohne große Bedeutung für die Statik des Gesamtbauwerks gelten – der EGKS-Vertrag läuft sogar im Juli 2002 aus, womit diese Organisation erlöschen wird. Die eigentliche Hauptlast ruht auf der durch den Vertrag von Maastricht reformierten EG.

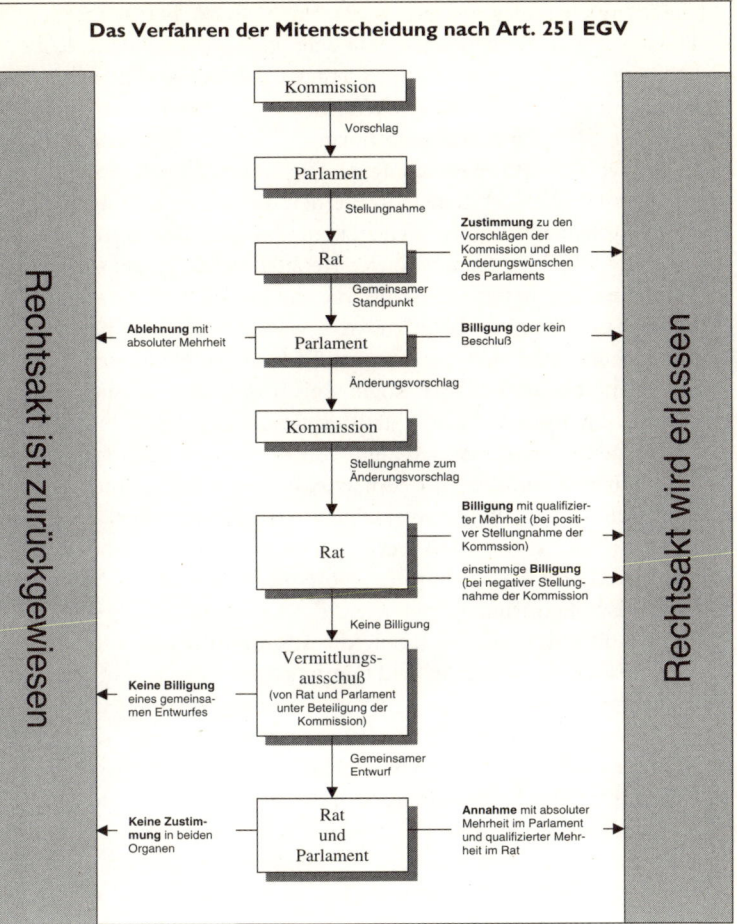

Das Verfahren der Mitentscheidung nach Art. 251 EGV

Wenngleich diese «erste Säule» der Union bei genauerem Hinsehen also in sich schon ein sehr komplexes Bauwerk ist, zeichnet sie sich doch durch ein gemeinsames Charakteristikum aus, das sie von den anderen beiden Säulen unterscheidet: Die supranationale Form der Entscheidungsfindung. In den von den Gemeinschaftsverträgen erfaßten Politikbereichen haben die Mitgliedstaaten einen Teil ihrer Kompetenzen an die Gemeinschaften abgegeben. An der Politikformulierung, der Rechtsetzung und der Rechtsprechung sind – neben Vertretern der Mitgliedstaaten, die im Ministerrat zusammenkommen – Organe beteiligt, die wesentliche Kompetenzen unabhängig von den Staaten ausüben. Entscheidungen können in bestimmten Fällen sogar gegen den Willen eines oder mehrerer Mitgliedstaaten getroffen werden.

Die beiden anderen «Säulen» unterscheiden sich von diesem Muster grundlegend. Entscheidungen werden hier nach dem klassischen intergouvernementellen Muster der internationalen Politik getroffen werden. Politik ist in diesem Bereich das Resultat von Verhandlungsprozessen zwischen Staaten. Beschlüsse bedürfen – von wenigen Ausnahmen abgesehen – eines Konsenses aller Staaten, die supranationalen Organe – Kommission, Parlament und Gerichtshof – haben in diesen Politikfeldern nur stark eingeschränkte Befugnisse.

Die komplizierte Struktur der Union spiegelt die Vorsicht der Mitgliedstaaten gegenüber weitgehenden Integrationsschritten wider. Intergouvernementelle Verfahrensweisen erleichtern den Staaten die Kontrolle des politischen Prozesses, während supranationale Mechanismen der gemeinschaftlichen Politik eine beträchtliche Autonomie einräumen. Daß ein Politikbereich sich völlig konträr zu den Präferenzen eines oder mehrerer Mitgliedstaaten entwickelt, ist durch das Einstimmigkeitserfordernis bei GASP und ZBJI ausgeschlossen. Diese beiden Politikbereiche umfassen Kernkompetenzen des souveränen Staates: Innen-, Justiz- und Außenpolitik gelten als *die* Vorrechte staatlicher Gewalt; diese Befugnisse supranationalen Entscheidungen zu unterwerfen, kam für einen Großteil der Mitgliedstaaten nicht in Frage. Vorschläge, einen einheitlichen gemeinschaftlichen Rahmen für die Union zu schaffen, wie sie im Vorfeld der Konferenz von Maastricht etwa von der Europäischen Kommission oder der niederländischen Regierung propagiert wurden, hatten denn auch – vorerst – keine Chance auf Verwirklichung.

Institutionelle Aspekte des EU-Vertrags. Während der Maastrichter Vertrag die Entscheidungsbefugnis bei der Außen- sowie der Innen- und Justizpolitik nahezu ausschließlich dem Ministerrat übertrug, wurden an den Verfahren und Kompetenzen der Organe im Rahmen der Europäischen Gemeinschaft einige Veränderungen vorgenommen. Weitere Sachbereiche wurden in den Anwendungsbereich qualifizierter Mehrheitsentscheidungen überführt, und die Mitwirkungsmöglichkeiten des Parlaments wurden noch einmal ausgeweitet.

Besonders bedeutsam war die Einführung des neuen Verfahrens der Mitentscheidung. In ausgewählten Bereichen sollte das Europaparlament künftig weitgehend gleichberechtigt mit dem Ministerrat an der Schaffung europäischen Rechts beteiligt sein, so zum Beispiel bei der Angleichung der verschiedenen nationalen Rechtsvorschriften, soweit sie für das Funktionieren des Binnenmarkts als nötig erachtet wurden. Das Verfahren (wenige Jahre später im Vertrag von Amsterdam noch einmal vereinfacht) sieht vor, daß das Europäische Parlament einen Vorschlag des Ministerrates mit absoluter Mehrheit zurückweisen kann. Macht es – ebenfalls mit absoluter Mehrheit Änderungsvorschläge, so kommt der Rechtsakt nur zustande, wenn der Rat allen Änderungswünschen des Parlaments zustimmt. Tut er dies nicht, wird – ähnlich wie in nationalen Zweikammerparlamenten – ein Vermittlungsverfahren in Gang gesetzt; einigt sich der Vermittlungsausschuß auf einen gemeinsamen Entwurf, muß dieser aber noch vom Rat (mit qualifizierter Mehrheit) und vom Parlament (mit absoluter Mehrheit der abgegebenen Stimmen) gebilligt werden.

Das Europaparlament wurde so erstmals zum echten «Mitgesetzgeber» der Europäischen Gemeinschaft. Der Anwen-

Das «Drei-Säulen-Modell» der Europäischen Union nach den Verträgen von Maastricht und Amsterdam

Europäische Union

Gemeinsame Außen- und Sicherheitspolitik (GASP)

Politikbereiche:

- Außenpolitik: Koordination der nationalen Politiken, Erhaltung des Friedens, Förderung von Demokratie und Menschenrechten durch gemeinsame Strategien, Standpunkte und Aktionen

- Sicherheitspolitik: schrittweise Festlegung einer gemeinsamen Verteidigungspolitik, rüstungspolitische Zusammenarbeit, Krisenbewältigung

Regierungszusammenarbeit (intergouvernemental)

Europäische Gemeinschaften (EG, Euratom, EGKS)

Politikbereiche:

- Zollunion und Binnenmarkt
- Wettbewerbspolitik
- Visa-, Asyl- und Einwanderungspolitik
- justizielle Zusammenarbeit in Zivilsachen
- Wirtschafts- und Währungsunion
- Agrapolitik
- Handelspolitik
- Sozial- und Beschäftigungspolitik
- Bildung und Kultur

- Gesundheitswesen
- Verbraucherschutz
- Regionalpolitik, wirtschaftlicher und sozialer Zusammenhalt
- Forschung
- Umwelt

Gemeinschaftspolitik (supranational)

Gemeinschaftsverträge: EGV, EAGV, EGKSV

Polizeiliche und Justizielle Zusammenarbeit

Politikbereiche:

- Justizielle Zusammenarbeit in Strafsachen (Eurojust)
- Polizeiliche Zusammenarbeit (Europol)

Regierungszusammenarbeit (intergouvernemental)

Vertrag über die Europäische Union (EUV)

dungsbereich des Verfahrens blieb freilich eng begrenzt. Selbst innerhalb der supranational organisierten Gemeinschaft war die Entscheidungsbefugnis nach wie vor zum größten Teil im Rat konzentriert. Die nationalen Regierungen wachten eifersüchtig über alle Fragen, die Kernpunkte nationaler Souveränität berührten. Steuervorschriften etwa blieben ebenso vom Mitentscheidungsverfahren unberührt wie die intergouvernementell organisierte zweite und dritte «Säule». In diesen hochsensiblen Bereichen blieb es auch dabei, daß Entscheidungen im Ministerrat einstimmig getroffen werden mußten.

Vor allem Großbritannien hatte sich in den Vertragsverhandlungen gegen eine weitere Ausweitung der Mehrheitsentscheide und der Mitbestimmung gesperrt. Das Königreich zeigte sich zwar, nach der Ablösung Margaret Thatchers durch John Major, etwas weniger integrationsfeindlich. An der Grundhaltung, die britische Souveränität zu wahren und Europa im wesentlichen auf Fragen des Marktes zu beschränken, hatte sich durch den Führungswechsel allerdings nichts geändert. Und auch die neoliberale Wirtschaftspolitik war konstant geblieben: London verhinderte die Aufnahme von Bestimmungen zur Sozialpolitik in das Vertragswerk. Die «Sozialcharta», die die sozialen Ziele der Union definierte und den europäischen Institutionen einige – wenngleich bescheidene – Kompetenzen zuwies, mußte daher als Abkommen «zwischen den Mitgliedstaaten der Europäischen Gemeinschaft mit Ausnahme des Vereinigten Königreichs» außerhalb der Verträge bleiben und wurde mit diesen nur lose durch ein Protokoll verbunden. Es ermächtigte die Elf, sich für ihre sozialpolitische Zusammenarbeit der Gemeinschaftsorgane zu bedienen; dabei sollten die Stimmen Großbritanniens jeweils unberücksichtigt bleiben.

Dieses Verfahren wurde zum Muster für eine Politik der «flexiblen» oder «abgestuften» Integration. Die Integration sollte auch dann vorankommen können, wenn einzelne Mitgliedstaaten sich nicht beteiligen wollten. Der «langsamste» Teilnehmer, so die Überlegung, sollte nicht das Tempo des Integrationszuges bestimmen.

Neben der Sozialpolitik wurde die wohl wichtigste Neuerung des Maastrichter Vertrags, die Europäische Wirtschafts- und Währungsunion, zum Modell eines «flexiblen» Vorgehens. Während sich nämlich zehn Staaten darauf einigten, ihre Souveränität in der Währungspolitik aufzugeben und in mehreren Schritten eine gemeinsame Währung – die später auf den Namen «Euro» getauft wurde – einzuführen, hatten sich Großbritannien und Dänemark eine sogenannte *opting-out*-Regelung ausbedungen. Im Gegensatz zu den anderen Mitgliedstaaten behielten sie sich die souveräne Entscheidung über die Teilnahme an der Währungsunion vor; für alle anderen galt ein Automatismus, der sie zur Aufgabe der nationalen Währungssouveränität verpflichtete, sofern bestimmte Bedingungen erfüllt waren.

Der Vertrag über die Europäische Union mit seinen Bestimmungen zur Änderung der Gemeinschaftsverträge und den neu eingeführten Politikbereichen GASP und ZBJI war die bis dahin weitreichendste Revision der Gründungsverträge. Wie schon bei der Einheitlichen Europäischen Akte schien diese Reform zwar auf halbem Wege steckengeblieben. Die «Demokratisierung» des europäischen Gemeinwesens war allenfalls halbherzig ausgefallen; zu viele Entscheidungen im Ministerrat mußten nach wie vor einstimmig getroffen werden, als daß von effizienten Mechanismen die Rede sein konnte. Auf der anderen Seite aber kritisierten die Skeptiker und Kritiker des europäischen Einigungsprozesses die zunehmende Aushöhlung der nationalen Souveränität – mit der Währung war eine Kernkompetenz des Nationalstaats auf eine europäische Entscheidungsebene übertragen worden. Maastricht erhitzte die Gemüter. Nicht nur die Eliten nahmen jetzt Anteil an den Diskussionen um wegweisende europäische Entscheidungen; ein großer Teil der Bevölkerung befaßte sich erstmals kritisch mit den «Errungenschaften» der europäischen Integration. Maastricht hatte das Gesicht Europas in jeder Hinsicht verändert. Es sollte nur der Auftakt gewesen sein.

2. Erweiterung und Vertiefung

Die neue Dynamik des europäischen Integrationsprozesses seit Mitte der achtziger Jahre brachte der Union aber nicht nur eine Fülle neuer Aufgaben und Kompetenzen. Sie setzte auch die europäischen Staaten unter Zugzwang, die sich bislang nicht beteiligt hatten. Fast wie die Neofunktionalisten es in den fünfziger und sechziger Jahren vorhergesagt hatten, kam es nicht nur zu einem funktionalen *spill-over*; auch geographisch entstand eine Sogwirkung, die nach dem Ende des Ost-West-Konflikts erstmals die Aussicht auf einen geeinten Kontinent eröffnete.

Von der EG der Zwölf zur EU der Fünfzehn. Mit der Aussicht auf die Vollendung des EG-Binnenmarktes sahen sich zunächst vor allem diejenigen Staaten Westeuropas unter Zugzwang gesetzt, die sich bislang vom «Gemeinschaftseuropa» ferngehalten hatten. Dies betraf insbesondere die Staaten der EFTA, einer Freihandelszone, die 1960 in Reaktion auf die Gründung der EWG unter Führung Großbritanniens gegründet worden war und der – neben dem Vereinigten Königreich – anfangs Österreich, die Schweiz, Norwegen, Schweden, Dänemark und Portugal angehört hatte. Die Ausdehnung der Gemeinschaften in den folgenden Jahrzehnten hatte die EFTA dezimiert und – durch den EWG-Beitritt Großbritanniens im Jahr 1973 – «kopflos» gemacht. Schon in den siebziger Jahren war es daher zu einer Annäherung der beiden Organisationen gekommen, die ursprünglich in Konkurrenz zueinander entstanden waren. Die verbliebenen Mitglieder der EFTA (und vor allem deren Wirtschaftsverbände) befürchteten nun durch den Ausschluß vom Binnenmarkt der Zwölf nachteilige Folgen für die eigene Wirtschaftsentwicklung.

Schon im Juli 1989, also noch vor dem Zusammenbruch des Ostblocks, stellte daher das neutrale Österreich einen Antrag auf Beitritt zu den Europäischen Gemeinschaften; Schweden, Finnland und Norwegen folgten im Laufe des Jahres

1992. Dabei hatte es zunächst so ausgesehen, als könne das ökonomische Gefüge Europas auch ohne den Beitritt der nordischen Staaten und der neutralen Alpenrepublik in einer für alle zufriedenstellenden Weise stabilisiert werden. 1989 hatten EWG und EFTA begonnen, ein Abkommen über einen «Europäischen Wirtschaftsraum» (EWR) zu erarbeiten. Es trat am 1. Januar 1994 in Kraft. Allerdings hatten die Schweizer Stimmbürger in einem Referendum im Dezember 1992 die Ratifizierung des Vertrags abgelehnt, so daß – neben den damaligen zwölf EU-Staaten – Österreich, Liechtenstein, Island, Norwegen, Schweden und Finnland dem Europäischen Wirtschaftsraum angehörten. Im wesentlichen bedeutete das Inkrafttreten des Abkommens die Übernahme der wesentlichen Prinzipien und der rechtlichen Regelungen des EG-Binnenmarktes durch die beteiligten EFTA-Staaten. Es entstand ein einheitlicher, 18 Staaten umfassender Markt, in dem die Freiheit des Personen-, Waren-, Dienstleistungs- und Kapitalverkehrs gewährleistet wurde.

Mit den Beitrittsanträgen Österreichs, Schwedens, Norwegens und Finnlands und angesichts der Nichtteilnahme der Schweiz verlor der Europäische Wirtschaftsraum schon vor seiner Etablierung viel von der ihm ursprünglich zugedachten Bedeutung. Die genannten Staaten waren – außer der Schweiz – zu dem Ergebnis gekommen, daß ihren Interessen als EU-Mitgliedern besser gedient war. So konnten sie direkt an Politikformulierung und Gesetzgebung mitwirken und waren nicht gezwungen, aus handelspolitischen Gründen einen Großteil der Rechtsakte der Union einfach zu übernehmen. Aufgrund der politischen, wirtschaftlichen und sozialen Stabilität sowie der Wirtschaftskraft dieser Kandidaten konnten die Beitrittsverhandlungen, die 1993 aufgenommen wurden, zügig abgeschlossen werden; schon am 1. Januar 1995 wurden Schweden, Finnland und Österreich Mitglieder der Europäischen Union. Die Norweger allerdings lehnten den EU-Beitritt erneut in einer Volksabstimmung ab. Die Union war damit auf fünfzehn Mitgliedstaaten angewachsen.

Die Osterweiterung. Mit der Norderweiterung und dem Beitritt Österreichs im Jahr 1995 hatte die Integration Westeuropas vorerst ihren (territorialen) Abschluß gefunden. Mit Ausnahme der Schweiz, Islands und Norwegens sowie einiger kleiner Fürstentümer oder Stadtstaaten wie Andorra, Monaco, Liechtenstein, San Marino und der Vatikanstadt war nun ganz Westeuropa unter dem Dach der Europäischen Union vereint. Nun begehrten die früheren Klientelstaaten der Sowjetunion in Osteuropa Einlaß in den exklusiven politischen und wirtschaftlichen Club «Europäische Union». Wie in den achtziger Jahren die Länder Südeuropas, so erhofften sich nun die ost- und südosteuropäischen Staaten von einem Beitritt politische Stabilisierung und wirtschaftliche Konsolidierung. Nachdem der Europäische Rat 1993 in Kopenhagen die Tore der Union weit geöffnet hatte, stellten zwischen 1994 und 1996 Polen, Ungarn, die Tschechische Republik, die Slowakei, Slowenien, Rumänien, Bulgarien, Lettland, Estland und Litauen Beitrittsanträge. Die «Osterweiterung» der Union steht seither ganz oben auf der Tagesordnung der europäischen Politik.

Dabei hatte die erste Osterweiterung der Union in aller Stille bereits am 3. Oktober 1990, zeitgleich mit der deutschen Vereinigung, stattgefunden. Mit ihrem Beitritt zum Geltungsbereich des Grundgesetzes gehörten die fünf ostdeutschen Bundesländer fortan auch den Europäischen Gemeinschaften an. Die umfangreichen Regelungen des Europarechts fanden von diesem Zeitpunkt an – mit einigen Übergangsregelungen – auch im Beitrittsgebiet Anwendung; die EG wiederum nahm die neuen Länder in ihre strukturpolitische Förderung auf und leistete so einen erheblichen Beitrag zur Entwicklung der Infrastruktur und der Wirtschaft in der ehemaligen DDR. Allein von 1994 bis 1999 flossen aus den EG-Strukturfonds 14,24 Mrd. € in die neuen Bundesländer, mit denen über 39 000 Projekte gefördert und (nach Angaben der EU-Kommission) 130 000 Arbeitsplätze geschaffen sowie 337 000 weitere gesichert wurden.

War die Ausdehnung auf das Gebiet der früheren DDR noch relativ unproblematisch, bedeutet die anstehende Erweiterung um die Staaten Mittel- und Osteuropas eine Herausforderung ungeahnten Ausmaßes. Die Zahl der Einwohner der Union wird um gut 25 Prozent auf etwa 500 Millionen ansteigen, und ihre geographische Ausdehnung wird um etwa ein Drittel wachsen. Der Union werden, wenn alle osteuropäischen Beitrittskandidaten in die Union aufgenommen sind, 25 Staaten angehören; zusammen mit Malta, Zypern und der Türkei, die ebenfalls Beitrittsanträge gestellt haben und als Kandidaten anerkannt sind und mit denen mit Ausnahme der Türkei ebenfalls verhandelt wird, könnte die Zahl der Mitglieder in der Zukunft auf 28 ansteigen.

Die politische Perspektive ist glänzend; doch die wirtschaftlichen und strukturellen Herausforderungen, die die Osterweiterung für die EU mit sich bringt, sind immens. Das Pro-Kopf-Bruttoinlandsprodukt der einzelnen Kandidatenländer erreicht (gemessen in Kaufkraftparitäten) gerade einmal zwischen 22 (Bulgarien) und 59 Prozent (Tschechische Republik) des EU-Durchschnitts; einzig Slowenien erreicht mit 71 Prozent einen signifikant höheren Wert. Der Abstand der Lebensverhältnisse zwischen Mitgliedstaaten und Beitrittskandidaten ist damit so groß wie bei keiner früheren Erweiterung – ein Abstand, der für die Union erhebliche finanzielle Bürden mit sich bringen wird. Denn der EG-Vertrag hält in seiner Präambel das Bestreben der Mitgliedstaaten fest, «ihre Volkswirtschaften zu einigen und deren harmonische Entwicklung zu fördern, indem sie den Abstand zwischen einzelnen Gebieten und den Rückstand weniger begünstigter Gebiete verringern.»

Konkreter Ausfluß dieser Zielsetzung ist die «Struktur-» oder «Regionalpolitik» der Europäischen Gemeinschaft, für die jährlich etwa 30 Prozent des gesamten Budgets der Union aufgewandt werden. In ihrem Rahmen werden nach verschiedenen «Zielen» diejenigen Regionen der Union gefördert, die sozioökonomisch als rückständig gelten oder (wie zum Beispiel alte Industrieregionen) mit besonderen wirtschaftlichen Problemen zu kämpfen haben. Der Großteil der Mittel wird für «Ziel-1-Regionen» ausgegeben: Regionen, deren Bruttosozialprodukt je Einwohner weniger als 75 Prozent des EU-Durchschnitts beträgt. Damit qualifizieren sich alle Regionen aller mittel- und osteuropäischen Beitrittskandidaten für die umfangreichen Fördermaßnahmen nach «Ziel 1».

Die daraus resultierenden politischen Konflikte hängen mit der Art der Finanzierung des EU-Haushalts zusammen. Dieser speist sich im wesentlichen aus vier Einnahmequellen, den sogenannten «Eigenmitteln»: (1) den Zolleinnahmen aus dem gemeinsamen Zolltarif; (2) den Agrarabschöpfungen, die an den EU-Außengrenzen auf Agrarimporte erhoben werden und somit im landwirtschaftlichen Bereich den Zöllen gleichkommen; (3) einem derzeit einprozentigen Anteil an den nationalen Mehrwertsteuereinnahmen; (4) ergänzenden Zuweisungen der Mitgliedstaaten, mit denen der Haushalt bis zur vereinbarten Obergrenze von 1,27 Prozent des Bruttosozialprodukts der Union aufgefüllt wird. Knapp die Hälfte der «Eigenmittel» der EU stammt aus dieser Quelle.

Damit läßt sich die Herkunft der Einnahmen der Union recht einfach feststellen. Auch die Rückflüsse aus den Brüsseler «Fleischtöpfen» – insbesondere Subventionen aus der Gemeinsamen Agrarpolitik und eben der Regionalpolitik – sind einfach meßbar, so daß die Mitgliedstaaten gern in zwei Gruppen aufgeteilt werden: die Nettozahler und die Nettoempfänger. Da sich die beiden wichtigsten Einnahmequellen der EU, nämlich Mehrwertsteueranteil und nationale Zuweisungen, am Bruttosozialprodukt orientieren, leisten die «reichen» Staaten den größten Anteil an der Finanzierung des EU-Haushalts; haben sie – wie Deutschland oder Großbritannien – einen kleinen und (relativ) konkurrenzfähigen Agrarsektor, haben sie auch wenig Rückflüsse zu erwarten. Sie sind Nettozahler (anders beispielsweise als Frankreich, dessen Landwirtschaft erheblich von der Gemeinsamen Agrarpolitik profitiert).

Die Osterweiterung verstärkt dieses Problem: Entweder die Nettozahler zahlen noch mehr, um neben den bestehenden Subventionen zusätzliche Zahlungen für die neuen Mitgliedstaaten zu schultern; oder aber der Kuchen wird für alle kleiner. Und das würde aus Gründen der Gleichbehandlung bedeuten, daß die gegenwärtigen Empfänger weniger bekommen oder gar selbst zu Nettozahlern würden.

In ihrer «Agenda 2000» entwarf die Europäische Kommission eine Lösung, die im Grundsatz vom Europäischen Rat auf dem Gipfeltreffen von Berlin im März 1999 angenommen wurde. Die Strukturpolitik wurde danach grundlegend reformiert, die Zahl der Ziele und der förderberechtigten Regionen reduziert. Für Gebiete, die keinen Anspruch auf Fördermittel mehr haben, wurden bis 2006 Übergangshilfen vereinbart. Um die zusätzlichen Aufwendungen für die Beitrittskandidaten in Grenzen zu halten, wurde zudem eine Kappungsgrenze vereinbart: Die Hilfen für strukturschwache Länder sollten vier Prozent des Bruttoinlandsprodukts in keinem Fall überschreiten. Denn, so das Argument, höhere Summen könnten gar nicht «verkraftet» werden: Die Regionalpolitik basiert nämlich auf dem Prinzip der Kofinanzierung – zu jedem Euro aus Brüssel muß der Empfänger eigene Mittel in Höhe von mindestens 25 Cent beisteuern. Ohne die Kappungsgrenze würden die Subventionen, die den Beitrittskandidaten nach dem für alle geltenden Schlüssel zustehen, bis zu einem Fünftel des Bruttoinlandsprodukts betragen, und dies würde deren Leistungsfähigkeit sprengen.

In Berlin wurde zudem zur Entlastung der «Nettozahler» ein neuer Finanzrahmen beschlossen. Unter anderem wird der EG-Anteil an der Mehrwertsteuer bis 2004 auf 0,5 Prozent gesenkt; dafür sollen die nationalen «Mitgliedsbeiträge» steigen. Ob damit eine gerechtere Lastenverteilung bewirkt wird, bleibt abzuwarten. Geschädigt wurde in jedem Fall die Finanzautonomie der Union. Überweisungen aus den nationalen Haushalten entsprechen kaum dem Gedanken der «Eigenmittel» der Union und bestärken eine Sichtweise, die einseitig die finanziellen Lasten der europäischen Integration herausstreicht und ihren Nutzen vernachlässigt – und der ist eben nicht nur in Haushaltszahlen zu suchen, sondern vor allem in wirtschaftlicher Verflechtung und damit steigendem Bruttosozialprodukt. Auch wird der Gedanke untergraben, daß die Union eine Solidargemeinschaft ist, in der eine gewisse Annäherung der Lebensverhältnisse im Sinne der Wohlfahrt aller notwendig ist. Sinnvoll wäre unter all diesen Bedingungen eine echte, konkret am Gehaltszettel nachvollziehbare Gemeinschaftssteuer. Sie könnte die Größenordnungen klar machen und Perspektiven zurechtrücken – mit 1,27 Prozent des Bruttoinlandsprodukts, die der Union als Einnahmen zur Verfügung stehen, greift diese weit weniger in den Wirtschaftskreislauf und das Leben der Bürger ein als der Nationalstaat, der nach wie vor in allen Mitgliedstaaten der Europäischen Union mehr als 40 Prozent der gesellschaftlichen Wertschöpfung beansprucht.

Während die Union versuchte, ihre Politiken und ihr Finanzsystem auf die Erweiterung vorzubereiten, begannen am 31. März 1998 die Beitrittsverhandlungen mit Polen, Ungarn, Estland, der Tschechischen Republik, Slowenien sowie mit Zypern; ein Jahr darauf wurden auch mit den übrigen osteuropäischen Beitrittskandidaten und mit Malta Verhandlungen aufgenommen. Insgesamt 31 Verhandlungskapitel, von der Gemeinsamen Agrarpolitik bis zur Zusammenarbeit in Justiz- und Innenpolitik, sind für jeden einzelnen Beitrittskandidaten zu absolvieren. Die Bewerber müssen, zum Teil unter Anwendung von Übergangsregelungen und Anpassungsfristen, den gesamten «Besitzstand» der Union, den *acquis de l'Union*, übernehmen, also sämtliche Rechtsvorschriften sowohl der Verträge als auch des sekundären Gemeinschafts- und Unionsrechts. Zur Vorbereitung wurden zwischen der Union und den Bewerberländern «Beitrittspartnerschaften» geschlossen, die diese verpflichten, detaillierte nationale Programme zur Übernahme des *acquis* vorzulegen; finanzielle Unterstützung von Seiten der Union wurde daran geknüpft, daß die einzelnen Beitrittskandidaten ihren Verpflichtungen nachkommen und Fortschritte bei der Umsetzung der «Kopenhagener Kriterien» machen.

Diese Kriterien, 1993 vom Europäischen Rat formuliert, legen die grundsätzlichen Einlaßbedingungen fest: «Ein Beitritt kann erfolgen, sobald ein assoziiertes Land in der Lage ist, den mit einer Mitgliedschaft verbundenen Verpflichtungen nachzukommen und die erforderlichen wirtschaftlichen und politischen Bedingungen zu erfüllen.» Dabei stellen die politischen Konditionen – institutionelle Stabilität, demokratische und rechtsstaatliche politische Ordnung, Wahrung der Menschenrechte und Schutz von Minderheiten – eine notwendige, aber keineswegs hinreichende Bedingung dar. Vielmehr setzt die Aufnahme eines Staates in die EU auch «eine funktionsfähige Marktwirtschaft» voraus sowie «die Fähigkeit, dem Wettbewerbsdruck in der Union standzuhalten». Diese Kriterien, zusammen mit der Verpflichtung zur Übernahme des *acquis*, stellt die Beitrittskandidaten vor Herausforderungen ungeahnten Ausmaßes; die Fortschritte werden in einem jährlichen Kommissionsbericht analysiert, der gleichzeitig Empfehlungen für die weitere Behandlung des Beitrittsbegehrens enthält. Dabei kristallisiert sich heraus, daß die Kandidaten keineswegs als eine einheitliche Gruppe zu betrachten sind. Während etwa Slowenien und Ungarn, aber auch die baltischen Republiken die Kriterien in vielerlei Hinsicht schon heute erfüllen und damit zu rechnen ist, daß die Verhandlungen zügig abgeschlossen werden können, ist mit einem Beitritt Rumäniens und Bulgariens auf absehbare Zeit nicht zu rechnen – zu rückständig erscheinen deren Volkswirtschaften.

Doch auch wenn die wirtschaftliche Leistungsfähigkeit und die Annahme der Rechtsordnung der Union ein entscheidendes Kriterium für den Zeitpunkt des Beitritts ist, so gibt es doch auch übergeordnete politische Erwägungen. So ist es kaum vorstellbar, daß Polen nicht zur ersten Erweiterungswelle gehören wird – zu groß ist das Gewicht Warschaus in Osteuropa, zu bedeutsam ist insbesondere das Interesse Berlins an guten deutsch-polnischen Beziehungen und an der Förderung des polnischen Verhältnisses zur Union insgesamt.

Der Vertrag von Amsterdam. Spätestens 2005, so heißt es in den europäischen Hauptstädten immer wieder, soll die Europäische Union mehr als 15 Mitgliedstaaten umfassen. Ob dies möglich sein wird, hängt jedoch nicht allein von den Staaten

Mittel- und Osteuropas ab, auch die Union selbst muß tief-greifende Anpassungen vornehmen. Dies betrifft nicht nur einzelne Politikfelder wie die Regionalpolitik, sondern auch die Unionsarchitektur im ganzen.

Insbesondere Gestalt und Funktionsweise der Unionsorgane wurden als reformbedürftig erkannt. Denn die institutionelle Struktur der EU war für eine Gemeinschaft von sechs Mit-gliedstaaten konzipiert, dann aber bei jeder Erweiterung nur formal angepaßt worden. Nach den Regeln der Römischen Verträge müßte beispielsweise die Kommission in einer Union von 27 Staaten Geschäftsbereiche für 32 Kommissare schaf-fen. Doch die Kommission ist schon heute, mit 20 Kommissa-ren, zu groß: Die Bedeutung der einzelnen Ressorts ist mehr als unterschiedlich, viele Ressorts könnten zusammengefaßt werden, ohne daß die Effizienz europäischer Politik darunter leiden müßte.

Ein ähnliches Problem stellt sich für den Rat. Können für ein Gremium mit 27 Mitgliedern die gleichen Regeln gelten wie für den Ministerrat der Sechs? Der Zwang zur Einstim-migkeit in vielen Politikbereichen müßte in einer solchen Konstellation zur faktischen Unregierbarkeit der Union füh-ren; denn schließlich ist der Rat der Hauptgesetzgeber des europäischen Gemeinwesens. Zudem erschien die Machtver-teilung im Rat durch die Osterweiterung gefährdet. Der Bei-tritt vieler, vor allem kleiner neuer Mitglieder, so befürchteten vor allem die «großen Vier» (Deutschland, Italien, Frankreich und Großbritannien), würde die Balance zugunsten der klei-nen Mitgliedstaaten verschieben, deren Stimmgewicht bei Ab-stimmungen mit qualifizierter Mehrheit, verglichen mit ihrer Bevölkerungszahl, überproportional ist.

Solche und ähnliche Fragen machten eine weitere Regie-rungskonferenz zur Vertragsreform unumgänglich. Reform-bedarf wurde aber nicht nur im Zusammenhang mit der EU-Osterweiterung gesehen. Die komplizierte «Architektur» der Union, die Undurchsichtigkeit der verschachtelten Verträge, die mangelnde demokratische Legitimität des Unionshandelns waren schon den Vätern des Vertrags von Maastricht bewußt.

Die europafreundlicheren unter ihnen hatten deswegen eine Klausel durchgesetzt, nach der der Vertrag im Jahr 1996 einer Revision unterzogen werden sollte.

Als die Regierungskonferenz im Juni 1997 mit einem Gipfeltreffen der Staats- und Regierungschefs in Amsterdam endete, war das Ergebnis zumindest zwiespältig: Zwar gelang es, einen großen Teil der bisherigen dritten «Säule» des EU-Vertrags, der innenpolitischen und justiziellen Zusammenarbeit zu «vergemeinschaften», also in den supranationalen Rahmen der Europäischen Gemeinschaft zu überführen; zwar wurde die Gemeinsame Außen- und Sicherheitspolitik gestärkt; zwar wurde der EG-Vertrag um ein Beschäftigungskapitel ergänzt und die Sozialcharta in den Vertrag integriert, nachdem die neue britische Labour-Regierung unter Premierminister Tony Blair das Veto Londons zurückgezogen hatte. Doch im institutionellen Bereich blieben die Reformen dürftig. Weder wurde eine Regelung für die Größe der Kommission gefunden, noch konnte man sich über die künftige Machtverteilung im Rat einigen. Auch wenn der Anwendungsbereich des Mitentscheidungsverfahrens noch einmal ausgeweitet und auch die Zahl der Materien, die einstimmig zu entscheiden sind, weiter reduziert wurde. Erweiterungsfähig war die Europäische Union mit dem Vertrag von Amsterdam nicht, darüber war man sich weitgehend einig.

Die Meinungen unter den 15 Mitgliedstaaten über die Lösung der Probleme gingen auseinander. Denn die offensichtliche Antwort auf die Reformfragen wären eine weitgehende Abschaffung des Einstimmigkeitsprinzips, die Gleichberechtigung des Europaparlaments mit dem Ministerrat und die Festlegung der Kommissionsgröße nach sachlichen Notwendigkeiten und nicht nach dem Erfordernis, alle Mitgliedstaaten zu berücksichtigen, gewesen. Diese Lösung hätte jedoch (zumindest implizit) auch die Frage nach der künftigen Gestalt der Europäischen Union beantwortet. Sie wäre supranationaler geworden. Hierzu waren jedoch einige der Staats- und Regierungschefs in Amsterdam keineswegs bereit – auch mit Rücksicht auf die Stimmung in der Bevölkerung, die der europäischen Integration seit Maastricht in den meisten Staaten zunehmend kritisch gegenüberstand.

Einen zumindest vorläufigen Ausweg sah man in der Idee der «Flexibilisierung» – ein Gedanke, der seit einiger Zeit die europapolitischen Debatten erfaßt und beflügelt hatte. Sollte in den entscheidenden europäischen «Verfassungs-»Fragen (etwa der Einbeziehung neuer Politikbereiche) keine Einigung erzielt werden können, dann mußte es – wie in Maastricht im Falle der Sozialcharta – den Integrationswilligen möglich sein, notfalls auch ohne einzelne «Verweigerer» voranzugehen. In Amsterdam wurde diese Möglichkeit als Generalklausel geschaffen. Eine «verstärkte Zusammenarbeit» einzelner Mitgliedstaaten sollte unter bestimmten Voraussetzungen möglich sein.

Die Voraussetzungen für die «verstärkte Zusammenarbeit» wurden jedoch so eng gefaßt, daß die Regelung in den fünf Jahren nach Amsterdam kein einziges Mal angewendet werden konnte. Wie sich zeigte, konnte die Flexibilisierungsklausel des Vertrags von Amsterdam die ausgebliebene Einigung über die drängenden institutionellen Fragen nicht ersetzen.

Der Vertrag von Nizza. Schon bald wurde der Ruf nach einer weiteren Regierungskonferenz laut, die sich mit den institutionellen «Überbleibseln» von Amsterdam befassen sollte. Als sich die Staats- und Regierungschefs der fünfzehn Mitgliedstaaten zum Abschluß der Konferenz im Dezember 2000 in Nizza trafen, standen drei Problemkreise im Mittelpunkt der Agenda: (1) die Zusammensetzung und interne Organisation der Organe; (2) die Reform der Entscheidungsprozesse; und (3) die Neufassung der Regelungen zur «verstärkten Zusammenarbeit». Vier Tage lang wurde in der Mittelmeerstadt um eine Einigung gerungen, und im Unterschied zu Amsterdam – unter dem Druck der immer näher rückenden Osterweiterung – kam sie auch zustande. Doch die erhoffte grundlegende Anpassung des institutionellen Systems der Union an die Aufgabe, bis zu dreizehn neue Mitgliedstaaten aufzunehmen, blieb aus. Statt die Strukturen zu vereinfachen, die

Transparenz des Systems zu erhöhen und die Entscheidungs-
fähigkeit der Unionsorgane zu stärken, wurde das Bild weiter
verkompliziert.

Am deutlichsten wird dies am Beispiel des Ministerrates.
Vor Nizza (und auch schon vor Amsterdam) waren zwei Alternativen diskutiert worden, wie man die Repräsentativität des
Organs der Staaten stärken könne: entweder eine vorsichtige
Anpassung der Stimmengewichte oder aber die Einführung
eines Systems der «doppelten Mehrheit», wonach ein Beschluß
nur zustandekommen würde, wenn der Mehrheit der Staaten
auch eine Mehrheit der Unionsbevölkerung – vertreten durch
ihre Minister – entsprechen würde. Der Vertrag von Nizza
aber wählt einen anderen, dritten Weg: Er kombiniert beide
Varianten zu einem System der dreifachen Mehrheit. Eine
qualifizierte Mehrheit liegt dann vor, wenn (1) eine Mehrheit
der Mitgliedstaaten dem Vorschlag zustimmt; (2) dieser Vorschlag ein neu berechnetes Quorum der gewichteten Stimmen
erhält, das je nach der Zahl der Mitgliedstaaten zwischen 71
und 74 Prozent der Ratsstimmen liegen soll; und sie (3) einen
Anteil von mindestens 62 Prozent der Unionsbevölkerung
widerspiegelt. Die Blockademöglichkeiten wurden damit noch
einmal entscheidend erhöht, während der Einflußgewinn der
«Großen» marginal blieb: Berechnet man den sogenannten
Banzhaf-Index, der angibt, wie oft die Stimmen eines bestimmten Staates bei einer Abstimmung im Rat den Ausschlag geben,
so lag dieser Wert für die Bundesrepublik bei 11,16 Prozent.
Mit den Reformen von Nizza stieg er auf 12,02 Prozent.

Auch in bezug auf die anderen Institutionen orientierten
sich die Ergebnisse von Nizza mehr an nationalen Prestigebe-
dürfnissen als an den objektiven Notwendigkeiten. Für die
Europäische Kommission wurde eine Regelung getroffen,
nach der künftig jedes Mitgliedsland einen Kommissar benennen kann. Die größeren Staaten verzichten damit auf «ihren»
zweiten Kommissar. Doch stellt man in Rechnung, daß die
Kommissare gemäß Artikel 215 des EG-Vertrags «ihre Tätig-
keit in voller Unabhängigkeit» von den Weisungen ihrer Staaten «zum allgemeinen Wohl der Gemeinschaft» ausüben sol-

len, dann erscheint diese Regelung überflüssig, da die Kommissare ohnehin keinem Staat zugerechnet werden sollen. Zu einer Festlegung der Größe der Kommission anhand von Ressortzuständigkeiten waren die Mitgliedstaaten nicht bereit – zumindest solange nicht, wie die Union weniger als 27 Mitglieder zählt. Angesichts der wirtschaftlichen Schwierigkeiten Rumäniens und Bulgariens dürfte dies noch lange der Fall sein. Erst dann wird die Zahl der Kommissionsmitglieder unter der der Mitgliedstaaten liegen; es soll dann ein Rotationsverfahren angewandt werden, das sicherstellt, daß auf Dauer alle Mitgliedstaaten bei der Besetzung der Kommission gleichmäßig berücksichtigt werden.

Immerhin gelang es, in der inneren Struktur der Kommission die Rolle des Präsidenten zu stärken und damit die Arbeitsfähigkeit des Gremiums auch für eine Kommission aus 27 Mitgliedern zu gewährleisten. Der Präsident kann künftig autonom die innere Organisation der Kommission regeln; er kann Ressorts verteilen, Vizepräsidenten benennen und – nach Billigung des Kollegiums – einzelne Kommissare zum Rücktritt zwingen. Gerade die letztgenannte Kompetenz ist nicht unbedeutend, war doch die Kommission von Jacques Santer 1999 gezwungen, geschlossen zurückzutreten, nachdem die Verwicklung einzelner Kommissare in Skandale aufgedeckt worden war, diese sich aber geweigert hatten, persönlich Konsequenzen zu ziehen.

Wichtiger noch war freilich die Aufgabe, Effizienz und Legitimität der Entscheidungsprozesse der Union zu stärken. Anders ausgedrückt: Von entscheidender Bedeutung für die Handlungsfähigkeit einer Union von 27 oder 28 Staaten ist die Zurückdrängung des Einstimmigkeitsprinzips auf Fragen von wirklich grundlegender, «konstitutioneller» Bedeutung, und ebenso bedeutsam ist es, die demokratische Kontrolle des Unionshandelns zu stärken. Erneut wurde in Nizza sowohl der Anwendungsbereich qualifizierter Mehrheitsentscheidungen des Rates als auch derjenige des Mitentscheidungsverfahrens ausgeweitet. Doch blieben die Reformen wiederum hinter den Erwartungen zurück. Sensible, die nationale Souveränität in ihrem Kern betreffende Fragen – Steuer- und Sozialpolitik ebenso wie Asyl- und Zuwanderungspolitik – wurden ausgeklammert oder nur halbherzig angegangen und unterliegen weiterhin dem Zwang zum Konsens.

Der Vertrag von Nizza löste damit den Anspruch, die EU «fit für die Erweiterung zu machen», nicht ein. Die Union ist noch unübersichtlicher geworden. Wie unübersichtlich zeigte die Volksabstimmung über den Vertrag in Irland am 7. Juni 2001: 53,87 Prozent der Abstimmenden sprachen sich gegen die Ratifizierung des Abkommens aus. In diesem Zusammenhang sind zwei Beobachtungen bedeutsam: Mehr als die Hälfte der Wahlberechtigten nahm gar nicht erst an der Abstimmung teil und zeigte damit ihr Desinteresse für ein oft unverständliches und intransparentes politisches System. Und in der politischen Auseinandersetzung vor der Abstimmung hatten nicht die – weitgehend unbekannten – Inhalte des Vertrags von Nizza dominiert. Vielmehr hatte sich eine allgemeine Debatte über Sinn und Nutzen der europäischen Integration entsponnen. Abgestimmt wurde letztlich über die Osterweiterung, die gar nicht zur Abstammung stand, deren Folgen Irland aber – in Gestalt eines Rückgangs der Förderung aus den EG-Regionalfonds – zu spüren bekommen wird. Abgestimmt wurde schließlich auch über symbolische und politische Fragen allgemeiner Natur: Werden die kleinen Mitgliedstaaten in einer größeren Union marginalisiert? Welchen Nutzen hat Europa für den einzelnen Bürger? Hat die Union überhaupt eine Existenzberechtigung? In Frage gestellt wurde die Legitimität des europäischen Integrationsprozesses. Diese Frage zu beantworten erfordert zunächst, die Aufgaben der Union zu umschreiben. Ihre Bedeutung soll im folgenden anhand ausgewählter Politikfelder beleuchtet werden.

3. Die Gemeinsame Agrarpolitik

Die Gemeinsame Agrarpolitik (GAP) geht zurück auf den grundlegenden politischen Kompromiß zwischen Frankreich und Deutschland, der den Weg zum Abschluß des EWG-

Vertrags ebnete. Einerseits erhielt Deutschland als stark industrialisierter Staat den Zugang zum Markt des stark agrarisch geprägten Frankreichs. Andererseits erhielt Frankreich eine umfassende Agrar- und Strukturförderung. Diese Politik des Gebens und Nehmens und die dahinter stehenden wirtschaftlichen oder wirtschaftspolitischen Interessen liegen auch heute noch den Interessenkonstellationen bei der GAP zugrunde: Auf der einen Seite das Lager der agrarisch orientierten Mitgliedstaaten Frankreich, Spanien, Portugal, Griechenland, Irland, zum Teil auch Italien, Österreich und Finnland – auf der anderen Seite, angeführt von England und Deutschland, das Lager der industrialisierten, exportorientierten Volkswirtschaften. Die Agrarpolitik der Union versucht den schwierigen Balanceakt eines Ausgleichs dieser Interessen. Diese hat zugleich eine wichtige politische Komponente, da landwirtschaftliche Interessenverbände in nahezu allen europäischen Staaten gut organisiert sind und es verstehen, sich Gehör zu verschaffen.

Es sind fünf grundlegende Ziele, deren Verwirklichung die Gemeinsame Agrarpolitik dient. Es ist Aufgabe der GAP, (1) «die Produktivität der Landwirtschaft durch Förderung des technischen Fortschritts, Rationalisierung der landwirtschaftlichen Erzeugung und den bestmöglichen Einsatz der Produktionsfaktoren, insbesondere der Arbeitskräfte, zu steigern», (2) «der landwirtschaftlichen Bevölkerung ... eine angemessene Lebenshaltung zu gewährleisten», (3) «die Märkte zu stabilisieren», (4) «die Versorgung sicherzustellen» und (5) «für die Belieferung der Verbraucher zu angemessenen Preisen Sorge zu tragen» (Art. 33 EGV). Zur Realisierung dieser im EWG-Vertrag von 1957 genannten Ziele wurden – erstmals 1962 – für verschiedene Bereiche der landwirtschaftlichen Produktion sogenannte «Marktordnungen» erlassen. Es gibt derzeit zu über 20 Bereichen der Landwirtschaft Marktordnungen, die jeweils unterschiedlich gestaltet sind, um den Spezifica der Produktion Rechnung zu tragen. Marktordnungen mit einem Ausgabenanteil von über 2 Prozent der Agrarausgaben existieren zu: Getreide, Rindfleisch, Milch und Milch-

erzeugnissen, Zucker, Obst und Gemüse, Schaf und Ziegen-
fleisch, Wein, Tabak, zu Flachs, Baumwolle, Seidenraupen und
Olivenöl.

Diese Marktordnungen waren ursprünglich Variationen
dreier grundsätzlicher Strategien: Erstens wurden jedes Jahr
vom Ministerrat Garantiepreise festgelegt. Bei einem Absinken der Marktpreise unter die durch diese Preise festgelegte
Schwelle intervenierte die Kommission durch Ankauf der
landwirtschaftlichen Produkte, um diese entweder einzulagern
oder zu vernichten. Tatsächlich bedeutete also dieser Preisstützungsmechanismus nichts anderes, als daß Landwirte jede
von ihnen angebotene Menge an Produkten ihrer Betriebe
mindestens zum Garantiepreis verkaufen konnten. Zweitens
sollte unter der Überschrift «Gemeinschaftspräferenz» ein
Schutz der Agrarproduktion vor den Weltmarktpreisen errich-
tet werden. Denn zumeist waren die Produkte der europäischen Landwirtschaft teuer, so daß diese auf dem Weltmarkt
oft nicht konkurrenzfähig waren. Der Schutz wurde durch die
Erhebung variabler Zölle, sogenannter «Abschöpfungen»,
bewerkstelligt. Diese waren so bemessen, daß der Preis impor-
tierter Agrargüter künstlich auf das Preisniveau der EG-Agrar-
güter angehoben wird. Außerdem erhielten die EG-Landwirte
Ausfuhrerstattungen, d. h. ihre Produkte wurden so subven-
tioniert, daß sie auf dem Weltmarkt auf dem dort gültigen
Preisniveau angeboten werden konnten. Drittens sollte schließlich durch direkte Subventionen an die Landwirte deren wirtschaftliche und soziale Situation verbessert werden.

Dieses Instrumentarium entspricht nicht dem liberalen
Credo der Europäischen Gemeinschaften. Die Marktordnungen hinderten insbesondere weniger entwickelte Staaten, die
kaum exportfähige Fertig- und Halbfertigprodukte, dafür aber
konkurrenzfähige Landwirtschaftsprodukte herstellen, ihre
Waren auf dem europäischen Markt anzubieten. Einen gewissen Ausgleich schufen präferentielle Handelsbeziehungen, die
sogenannten Lomé-Abkommen, mit den ehemaligen Kolonien
der EG-Staaten in Afrika, in der Karibik und im Pazifik, den
AKP-Staaten. Anfangs wurde diesen Ländern durch Handels-

liberalisierung Marktzugang zum EG-Markt eingeräumt; mittlerweile werden, um die Erlöse aus Rohstoffexporten zu stabilisieren, bei einem Verfall der Weltmarktpreise auch Kompensationszahlungen an Exporteure in Entwicklungsländern geleistet. Die Lomé-Abkommen stellten so das wichtigste Element der Entwicklungshilfepolitik der EU dar. Mit dem fünften Abkommen, nun nach der Stadt des letzten Vertragsschlusses (Cotonou in Benin) Cotonou-Abkommen genannt, das im Juni 2000 abgeschlossen wurde und für 20 Jahre gültig ist, wurden immerhin 77 Staaten präferentielle Handelsbeziehungen mit der EG gewährt. Ob dies die durch den EG-Agrarprotektionismus entstehenden Nachteile für nichtbeteiligte Entwicklungsländer aufwiegen kann, ist jedoch fraglich. Die Streitigkeiten vor der Welthandelsorganisation WTO um die europäische Bananenmarktordnung zeigen das Problem in aller Deutlichkeit: Hier verwehrte die EG-Präferenz für Bananen aus AKP-Staaten anderen, vornehmlich lateinamerikanischen Exporteuren mit günstigeren Produkten den Zugang zum europäischen Markt. Die Wirtschaft dieser Länder wurde geschädigt, die europäischen Verbraucher mußten höhere Preise in Kauf nehmen. Das Spannungsverhältnis zwischen der regionalen europäischen Wirtschaftsintegration, die präferentielle Handelsbeziehungen mit einigen Staaten pflegt, mit der Idee eines globalen Freihandels, der es insbesondere auch Entwicklungsländern ermöglicht, ihre konkurrenzfähigen Produkte in Europa zu verkaufen, zeigt sich hier in aller Deutlichkeit.

Im Binnenraum führte der Preisstützungsmechanismus zu einer Reihe von Marktungleichgewichten. Die Verbraucher mußten beim Kauf einer Vielzahl von Lebensmitteln für die höheren Preise aufkommen. Hinzu kam die Überproduktion: Besonders Anfang der achtziger Jahre, als es zu (erhofften) Produktivitätssteigerungen kam, war die Folge eine drastische Überproduktion bei einer ganzen Reihe von Agrarprodukten. Es wurden «Butterberge» und «Milchseen» geschaffen, riesige Mengen von Obst, Gemüse und Fleisch konnten auf dem Markt nicht mehr abgesetzt werden. Die gestützten Marktpreise (die deutlich über dem Marktgleichgewichtspreis lagen) hatten ein gewaltiges Überangebot geschaffen.

Das Überangebot mußte von der EG aufgekauft werden. Die Agrarausgaben verschlangen daher Anfang der achtziger Jahre über 70 Prozent des EWG-Budgets. Die Notwendigkeit einer grundlegenden Reform war offensichtlich. Sie wurde besonders augenfällig, als Großbritannien nach dem Amtsantritt Margaret Thatchers 1979 immer dringlicher eine Reduktion seiner EG-Beiträge verlangte («I want my money back», rief die «Eiserne Lady» bei jeder Gelegenheit). Die schwierigen politischen Hintergründe der Agrarpolitik machten eine Einigung aber schwierig. Der Einstieg in eine Reform konnte erst 1988 vom Europäischen Rat beschlossen werden. Bei den nachfolgenden Reformschritten, unter denen die sogenannte «MacSharry-Reform» von 1992 und das in der Agenda 2000 entworfene Programm zur Reform der Agrarpolitik herausragen, wurde versucht, zumindest in einem wichtigen Punkt umzusteuern: Die Garantiepreise wurden über einen längeren Zeitraum immer weiter abgesenkt. Man bevorzugte nun die direkte Stützung der bäuerlichen Einkommen über Direktbeihilfen, unabhängig von den Marktpreisen einzelner Produkte. Mittlerweile werden die Agrarausgaben nur noch zu 27 Prozent für die Stützung der Preise aufgewendet, zu 73 Prozent hingegen für direkte Einkommensbeihilfen.

Die Reformbemühungen können nicht darüber hinwegtäuschen, daß die Agrarpolitik nach wie vor das europäische Politikfeld ist, das die meisten Ressourcen verbraucht. Im Haushaltsentwurf der Kommission für das Jahr 2002 sind, bei einem Volumen von ca. 50 Mrd. €, 46 Prozent sämtlicher Mittel für Agrarausgaben vorgesehen. Die Frage, wie diese Kosten verringert werden können, bleibt daher auch in Zukunft aktuell. In der politischen Diskussion wird dabei immer wieder das Modell der «nationalen Kofinanzierung» genannt. Von der EU gewährte Agrarsubventionen sollen demnach mit (ergänzenden) nationalen Zuschüssen kombiniert werden. Ein solches Verfahren wäre eine teilweise «Renationalisierung» der Agrarpolitik. Angesichts der besonderen politischen Bedeutung des Agrarbereichs bei den Verhandlungen zu den Römischen Verträgen wäre dies eine einschneidende Veränderung. Die bisherige Opposition Frankreichs gegen solche Vorstellungen wird wohl auch in Zukunft bestehen bleiben. Eine Einigung ist noch nicht absehbar.

Eine Reform – sei es auf Basis der nationalen Kofinanzierung oder eines vergleichbaren kostensenkenden Modells – erscheint aber letztlich unvermeidbar. Schon bei den Verhandlungen über den Beitritt der nordischen Länder in den neunziger Jahren erwies sich die Agrarpolitik als ein großes Hindernis, das die Erweiterung beträchtlich erschwerte. In weitaus größerer Schärfe stellt sich das Problem bei den Verhandlungen mit den Beitrittskandidaten Mittel- und Osteuropas. Diese Länder, vor allem Polen, sind agrarisch ausgerichtete Ökonomien, die, bliebe alles wie bisher, in den Genuß weitreichender Agrarbeihilfen kommen würden. Dies würde eine Erhöhung des Haushaltsvolumens notwendig machen, die von den derzeitigen Mitgliedstaaten nicht akzeptiert werden wird.

All dies spielt sich vor dem Hintergrund eines grundsätzlichen Wandels der Einstellung der Bevölkerung gegenüber der Landwirtschaftspolitik ab: Das Ziel der EG-Landwirtschaft ist die größtmögliche Effizienz der landwirtschaftlichen Produktion. Dies ist nicht nur Ausdruck der zur Zeit des Abschlusses der Römischen Verträge vorherrschenden Fortschrittsgläubigkeit, sondern auch Folge der Erinnerungen an die Nahrungsmittelknappheit nach dem Zweiten Weltkrieg. Unterernährung und sogar Hunger gehörten zur Lebenserfahrung der Kriegs- und Nachkriegsgeneration. Das hat sich in den letzten Jahrzehnten grundlegend geändert. Angesichts der durch Massentierhaltung begünstigten epidemischen Tierseuchen Schweinepest, Maul- und Klauenseuche und BSE scheint sich die Einsicht auszubreiten, daß Effizienz (hohe Produktion und sinkende Kosten für den Verbraucher) nicht das einzige Kriterium der Landwirtschaftspolitik sein kann. So wird nicht nur die Begünstigung großer Agrarbetriebe, die zu einem «Bauernsterben» geführt hat, in Frage gestellt. Mittlerweile gibt es auch Förderungsmöglichkeiten für Betriebe mit ökologischer Landwirtschaft. Die von der deutschen Landwirtschaftsministerin Renate Künast angestrebte «Agrarwende» wird in diesem Zusammenhang vermutlich auch in der 2002 anstehenden Überprüfung der Agrarpolitik der EU ihren Niederschlag finden.

4. Die Innen- und Justizpolitik

Der mit dem Vertrag von Maastricht eingeführte Bereich der Zusammenarbeit der EU-Staaten in den Bereichen Justiz und Inneres galt als bedeutendes Novum. Dahinter stand, wie dies im Vertrag von Amsterdam später formuliert wurde, das Ziel, einen «Raum der Freiheit, der Sicherheit und des Rechts» zu schaffen. Die europäischen Institutionen erhielten dafür Kompetenzen in einem Bereich, der Kernbereiche der nationalen Souveränität berührt. Die Zusammenarbeit folgte allerdings – jedenfalls nach dem Vertrag von Maastricht – wie die Gemeinsame Außen- und Sicherheitspolitik dem intergouvernementalen Muster, nicht dem supranationalen. Dies heißt, daß der politische Beschlußfassungsprozeß vom Ministerrat dominiert wird, während die Kommission und insbesondere das Europäische Parlament nur eine untergeordnete Rolle spielen. Eine Zuständigkeit des Europäischen Gerichtshofs war nicht vorgesehen. Die zu regelnden Bereiche waren: Asylpolitik; der Schutz der Außengrenzen; Einwanderungspolitik; die Bekämpfung der Drogenabhängigkeit; die internationale Kriminalität; justitielle Zusammenarbeit in Zivil- und in Strafsachen sowie im Zollwesen und schließlich polizeiliche Zusammenarbeit zur Verhütung und Bekämpfung des Terrorismus, des illegalen Drogenhandels und sonstiger schwerwiegender Formen der internationalen Kriminalität. Für letzteres wurde die Errichtung des Europäischen Polizeiamtes «Europol» beschlossen.

Eine umfassende Kooperation wurde als notwendig angesehen, da mit der Verwirklichung des Binnenmarkt-Projektes neue grenzüberschreitende Sicherheitsprobleme entstanden.

Allerdings hatte es schon früher Ansätze zur Kooperation der europäischen Staaten gegeben. So waren schon in den siebziger Jahren Arbeitsgruppen eingerichtet worden, die der Koordination der Justiz- und Innenpolitiken der EG-Staaten dienten. Seit 1975 gab es beispielsweise mit der sogenannten TREVI-Kooperation einen informellen Zusammenschluß der Innen- und Justizminister, der sich mit der Bekämpfung des Terrorismus, der international operierenden organisierten Kriminalität und des Rauschgifthandels beschäftigte. Auch im Bereich der anderen im Vertrag von Maastricht offiziell genannten und formell geregelten Fragestellungen gab es schon zuvor informelle Kooperationen.

Ein besonders wichtiger Meilenstein der Zusammenarbeit war das am 14. Juni 1985 nach dem Unterzeichnungsort in Luxemburg benannte «Schengener Abkommen». Dessen Ziel war einerseits die Herstellung des freien Personenverkehrs, d. h. die Abschaffung aller Paßkontrollen an den Binnengrenzen der EG. Andererseits sah es Maßnahmen zur Sicherung der Außengrenzen der EG vor. Das Abkommen wurde jedoch wegen vermeintlich unzureichender Sicherheitsvorkehrungen gegen illegale Einwanderung lange nicht umgesetzt. Erst das am 14. Juni 1990 geschlossene «Schengener Durchführungsabkommen» schuf in den Augen der nationalen Regierungen ausreichende Sicherheit. Nach und nach wurden nun an den Binnengrenzen der EU die Paßkontrollen abgeschafft. Nur ausnahmsweise werden zwischen den Mitgliedstaaten noch Kontrollen durchgeführt, wie zum Beispiel von Österreich und Italien anläßlich des Gipfels der G-8 in Genua im August 2001.

Das Schengener Abkommen ist ein Beispiel für das Konzept der «abgestuften Integration», denn Großbritannien und Irland traten dem Abkommen nicht bei. Dafür gehören dem «Schengener Raum» auch die Nicht-EG-Staaten Island und Norwegen an. Der «Schengen-Besitzstand», also das Schengener Abkommen, das Durchführungsabkommen und das darauf aufbauende Recht, wurde mit einem Protokoll zum Vertrag von Amsterdam in das allgemeine Recht der Europäischen Union, den *acquis*, integriert. «Schengen» wurde nun auch institutionell in die EU einbezogen: Der Schengen-Exekutivausschuß wurde in den Rat und das Schengen-Sekretariat in das Generalsekretariat des Rates eingegliedert.

Der Vertrag von Amsterdam brachte bezüglich der Zusammenarbeit im Bereich der Justiz- und Innenpolitik aber noch weitergehende Neuerungen. Die meisten Bereiche der Zusammenarbeit wurden von der dritten «Säule» der Europäischen Union in die erste übernommen. Dazu wurde neuer Titel «Visa, Asyl, Einwanderung und andere Politiken betreffend den freien Personenverkehr» im EG-Vertrag geschaffen. Die Kooperation verläuft nunmehr nach den supranationalen Verfahren der Europäischen Gemeinschaft. Damit erhielt das Europäische Parlament Mitspracherechte und der Europäische Gerichtshof Jurisdiktion. Nach einer Übergangszeit von fünf Jahren nach Inkrafttreten des Vertrags von Amsterdam (also im Mai 2004) sollen Abstimmungen im Ministerrat mit qualifizierter Mehrheit erfolgen; in einigen Teilbereichen ist das sogar ohne diese Übergangsfrist vorgesehen.

Nach wie vor durch den Vertrag über die Europäische Union wurde allerdings die polizeiliche und strafjustitielle Zusammenarbeit geregelt, da diese Bereiche als essentiell für die nationalstaatliche Souveränität angesehen werden. Neu aufgenommen wurde dabei als Gegenstand der Zusammenarbeit die Verhütung und Bekämpfung von Fremdenfeindlichkeit und Rassismus. Mit dem Europäischen Polizeiamt (Europol) einerseits, der Europäischen Stelle für justitielle Zusammenarbeit (Eurojus) andererseits gibt es auch bei den im EU-Vertrag geregelten Materien internationale Koordinierungsstellen. Mit dem «Europäischen Justitiellen Netz» (seit 1998) wurde schließlich die justitielle Zusammenarbeit in Strafsachen intensiviert, wobei insbesondere die Bekämpfung der schweren, organisierten Kriminalität im Mittelpunkt steht.

Mit dem Vertrag von Amsterdam wurde außerdem, um eine über die intergouvernementalen Verfahren der dritten Säule hinausreichende Kooperation zu ermöglichen, mit einer sogenannten «Evolutivklausel» die Möglichkeit vorgesehen, Ma-

terien von der dritten Säule in Gemeinschaftsrecht zu überführen – ohne Beschluß einer Regierungskonferenz. Da die
sachlichen Gründe einer engen Zusammenarbeit im Bereich
Justiz und Inneres zunehmen und zugleich die bevorstehende
Erweiterung der EU eine Einigung bei Einstimmigkeitszwang
immer unwahrscheinlicher erscheinen läßt, wurde mit der
Vertragsrevision von Nizza außerdem die Möglichkeit einer
sogenannten «verstärkten Zusammenarbeit» im Bereich der
polizeilichen und justitiellen Zusammenarbeit geschaffen. Das
heißt, daß unter bestimmten Bedingungen nach dem Bild des
Europa der zwei Geschwindigkeiten – wie es schon im Schengener Abkommen praktiziert wurde – einige Staaten mit einer
engeren Kooperation voranschreiten. Allerdings sollte dies
nicht, wie zu Anfang bei den Schengen-Vereinbarungen, außerhalb des rechtlichen und institutionellen Rahmens der EU
stattfinden, sondern innerhalb desselben.

Die Zusammenarbeit im Bereich Justiz und Inneres ist ein
relativ junger Bereich der Zusammenarbeit der Staaten Europas, der sich jedoch schnell entwickelt. Weitere Anstöße zur
Vertiefung der Integration gingen von den Terroranschlägen
in New York und Washington am 11. September 2001 aus.
Neben einer Aufwertung von Europol und Eurojust und einer
Intensivierung des Informationsflusses zwischen nationalen
Polizei- und Justizbehörden wurde die Schaffung eines europäischen Haftbefehls beschlossen. Doch schon vor den An-
schlägen wurde der Ausbau der Kooperation von der europäischen Bevölkerung als wichtig angesehen. Nach einer im
Frühjahr 2001 erhobenen Umfrage betrachten 89 Prozent der
EU-Bürger die Wahrung von Frieden und Sicherheit in Europa
als Priorität der EU; und 88 Prozent sehen den Kampf gegen
das organisierte Verbrechen und den Drogenhandel als besonders wichtiges Aufgabenfeld der EU. Hinsichtlich des Ziels,
einen «Raum der Freiheit, der Sicherheit und des Rechts» zu
schaffen, gibt es gerade in der Umbruchzeit nach dem 11. September 2001 einen großen Bedarf an vertiefter europäischer
Kooperation.

5. Die Gemeinsame Außen- und Sicherheitspolitik

Während ein großer Teil der Innen- und Justizpolitik mit dem Vertrag von Amsterdam «vergemeinschaftet» wurde, blieb es im Bereich der Außen- und Sicherheitspolitik bei der intergovernementellen Form der Zusammenarbeit. Ziel dieser Zusammenarbeit ist es nach dem EU-Vertrag, die gemeinsamen Werte, die grundlegenden Interessen, die Unabhängigkeit und die Unversehrtheit der Union zu wahren, ihre Sicherheit zu stärken, den Frieden zu wahren, internationale Zusammenarbeit zu befördern und Demokratie und Rechtsstaatlichkeit sowie die Achtung der Menschenrechte zu stärken (Art. 11 EUV). Zur Erreichung dieser Ziele stehen der Union drei Instrumente zur Verfügung: Gemeinsame Strategien, gemeinsame Aktionen und gemeinsame Standpunkte. Gemeinsame Strategien legen die Grundzüge der Unionspolitik in einem bestimmten – thematisch oder geographisch definierten – Politikfeld fest, das für die Union als ganzes von besonderem Interesse ist. Solche Gemeinsame Strategien wurden bisher für Rußland (1999), die Ukraine (1999) und den Mittelmeerraum (2000) verabschiedet. Während es sich dabei um umfassende außenpolitische Konzeptionen handelt, sind gemeinsame Aktionen und Standpunkte speziellerer Natur: Gemeinsame Standpunkte sind Stellungnahmen der Union zu bestimmten Fragen der internationalen Politik; gemeinsame Aktionen betreffen Situationen, in denen die Mitgliedstaaten ein operatives Tätigwerden der Union für notwendig erachten. Diese Aktionen können verschiedene Formen annehmen – von der finanziellen Unterstützung über die Entsendung von Beobachtern bis hin zur Ernennung von Sonderbeauftragten.

Dem intergouvernementellen Charakter der Gemeinsamen Außen- und Sicherheitspolitik entsprechend werden die Entscheidungen in dieser «zweiten Säule» der Union ausschließlich vom Europäischen Rat und vom Ministerrat getroffen. Dabei sind die Staats- und Regierungschefs für die Bestimmung der allgemeinen Grundsätze der GASP sowie für die Verabschiedung gemeinsamer Strategien zuständig. Der Rat (in diesem Fall die Außenminister) beschließt auf dieser Grundlage die gemeinsamen Aktionen und Standpunkte.

Alle Beschlüsse im Bereich der GASP erfordern grundsätzlich Einstimmigkeit. Allerdings kann abweichend von dieser Grundregel mit qualifizierter Mehrheit entschieden werden, wenn der Rat gemeinsame Standpunkte oder Aktionen auf Grundlage einer gemeinsamen Strategie festlegt – die gemeinsame Strategie muß ja bereits zuvor im Europäischen Rat einstimmig gebilligt worden sein. Dieselbe Regelung gilt auch für Durchführungsbeschlüsse zu bereits beschlossenen Aktionen oder Standpunkten. Für Mitgliedstaaten, die überstimmt werden, wurde freilich eine Hintertür offengehalten, die nach dem Vorbild des Luxemburger Kompromisses aus den sechziger Jahren modelliert wurde: «Erklärt ein Mitglied des Rates, daß es aus wichtigen Gründen der nationalen Politik, die es auch nennen muß, die Absicht hat, einen mit qualifizierter Mehrheit zu fassenden Beschluß abzulehnen, so erfolgt keine Abstimmung» (Art. 23 Abs. 2 EUV). Im Notfall verbleibt somit jedem Mitgliedstaat die Möglichkeit des nationalen Vetos.

Ist ein Beschluß aber erst einmal getroffen, so ist er für alle Mitgliedstaaten bindend. Allerdings können die Staaten schon bei der Beschlußfassung eine Erklärung abgeben, daß sie sich an dessen Durchführung nicht beteiligen wollen. Sie sind dann allerdings im Sinne der «Unionstreue» verpflichtet, alles zu unterlassen, was die Umsetzung des Beschlusses durch die übrigen Mitgliedstaaten behindern könnte. Ein einzelner Mitgliedstaat kann so beispielsweise seine Beteiligung an einer gemeinsamen Aktion ausschließen, ohne daß die Union auf die Aktion gänzlich verzichten müßte.

Die Mechanismen und Methoden der Gemeinsamen Außen- und Sicherheitspolitik der Europäischen Union sind somit schwerfällig und oft langwierig. Entscheidender noch als die prozeduralen Vorgaben ist freilich der politische Wille der Mitgliedstaaten zu gemeinsamem Vorgehen, zu einer wirklich «Gemeinsamen» Außenpolitik. Die Zahlen scheinen das Vorhandensein eines solchen politischen Willens zu bescheinigen: Seit Inkrafttreten des EU-Vertrags verabschiedete die Union insgesamt 290 gemeinsame Aktionen und Standpunkte. Davon betrafen über 100 allein den westlichen Balkan; weitere gemeinsame Standpunkte und Aktionen bezogen sich unter anderem auf Afghanistan, die Region der «Großen Seen» in Afrika und den Friedensprozeß im Nahen Osten; aber auch die Errichtung eines Internationalen Strafgerichtshofes und die Verhinderung der Proliferation von ABC-Waffen waren Gegenstände der einheitlichen EU-Außenpolitik.

Die Europäische Union versucht also durch eine Fülle von Beschlüssen und eine noch größere Zahl an Erklärungen der Ratspräsidentschaft zu außenpolitischen Themen, ihre Rolle als Akteur der Weltpolitik wahrzunehmen. Und tatsächlich kann die europäische Außenpolitik seit ihren Anfängen einige Erfolge aufweisen. Bereits kurz nach Inkrafttreten des Vertrags von Maastricht entsandte die Europäische Union im Rahmen gemeinsamer Aktionen Beobachter nach Südafrika, um dort die ersten freien Wahlen nach dem Ende der Apartheid zu überwachen. Und im Frühjahr 1994 beschloß der Rat umfangreiche Maßnahmen zur Unterstützung des israelisch-palästinensischen Friedensprozesses, die von Finanzhilfen für die palästinensische Autonomiebehörde über Unterstützung beim Aufbau einer palästinensischen Polizei bis zur Beteiligung an einer vorübergehenden «internationalen Präsenz» in den von Israel besetzten Gebieten reichten.

Auf diesen und vielen anderen Handlungsfeldern, in denen sich ansatzweise die Konturen einer europäischen Außenpolitik abzeichneten, herrschte unter den Mitgliedstaaten weitgehend Konsens über die Ziele der Politik und die hierfür einzusetzenden Mittel. Bei der Tragödie auf dem Gebiet des ehemaligen Jugoslawien zeigte sich jedoch, daß die Mechanismen der GASP versagten, wo dieser Konsens fehlte. Die Union handelte auf dem Balkan zu spät, und als sie handelte, blieben ihre Initiativen wirkungslos. Die Mitgliedstaaten zogen aus diesen Erfahrungen Konsequenzen, die sich in den Änderungen des Vertrags von Amsterdam widerspiegeln. Eine dieser Reformen war die Einführung des Instruments der Gemeinsamen Strategie. Grundlegende politische Übereinkünfte sollten unabhängig von akuten Krisen getroffen, Entscheidungen im Krisenfall somit beschleunigt und erleichtert werden.

Zudem schuf die Union den Posten eines «Hohen Beauftragten für die Gemeinsame Außen- und Sicherheitspolitik». Ein «Mr. GASP» war nötig, um dieser Außenpolitik Konturen zu geben, die auch nach außen als europäisch und nicht als belgisch, holländisch oder portugiesisch wahrgenommen wurden. Zusammen mit dem jeweiligen Ratspräsidenten und dem für Außenbeziehungen zuständigen Kommissar sollte er künftig die Union nach außen vertreten. Mit der Ernennung des ehemaligen spanischen Außenministers und NATO-Generalsekretärs Javier Solana erhielt die Union im Oktober 1999 erstmals ein «Gesicht». Charakteristischerweise wurde der Hohe Beauftragte beim Rat und nicht, wie es in der Logik des politischen Systems der Union gelegen hätte, bei der Kommission angesiedelt. So wollte man verhindern, daß dem Rat die Kontrolle über die europäische Außenpolitik entglitt.

Der Hohe Beauftragte sollte die Planungskapazitäten der Union in der Außen- und Sicherheitspolitik stärken und dazu über eine neu gegründete Strategieplanungs- und Frühwarneinheit verfügen. Auf die Balkankrisen der neunziger Jahre war Europa im wesentlichen unvorbereitet gewesen. Dies sollte nie wieder geschehen: Die Einheit wurde mit dem Auftrag ausgestattet, internationale Entwicklungen umfassend zu beobachten und zu analysieren, mögliche Schwerpunktbereiche der GASP zu identifizieren, frühzeitig auf potentielle Krisenherde hinzuweisen und politische Optionen auszuarbeiten.

Die Balkankriege waren auch der Anlaß, die Sicherheits- und Verteidigungspolitik stärker in das europäische Gefüge einzubeziehen. Sie hatten gezeigt, daß diplomatische und politische Bemühungen ohne ein glaubwürdiges militärisches Drohpotential allzuoft zum Scheitern verurteilt waren. Die Bestimmungen über die Sicherheits- und Verteidigungspolitik waren jedoch noch im Amsterdamer Vertragstext vage und ließen viele Optionen offen. Die Union verfügte auch nach «Amsterdam» über keine militärischen Kapazitäten; diese konnten allenfalls bei Bedarf von der Westeuropäischen Union (WEU) «geborgt» werden. Die WEU war 1954 nach dem Scheitern der Europäischen Verteidigungsgemeinschaft gegründet worden, hatte aber stets im Schatten der NATO gestanden, die in erster Linie die Sicherheit Europas im Kalten Krieg garantierte. Da sie über eine eigene militärische Führungsstruktur verfügte, konnte sie aber der Europäischen Union als Partnerorganisation bei der Krisenbewältigung dienen. Sie sollte Entscheidungen der Union durchführen, soweit sie verteidigungspolitische Bezüge hatten – «humanitäre Aufgaben und Rettungseinsätze, friedenserhaltende Aufgaben sowie Kampfeinsätze bei der Krisenbewältigung einschließlich friedensschaffender Maßnahmen» (Art. 17 Abs 2 EUV). Die Europäische Union übernahm somit die politische Hoheit für diese sogenannten «Petersberg-Aufgaben», benannt nach dem Petersberg bei Bonn, wo diese Aufgaben 1992 von den WEU-Mitgliedern erstmals definiert worden waren. Die WEU wurde nun zum militärischen Exekutivorgan der EU.

Die logische Weiterentwicklung bestand in der Integration der WEU in den organisatorischen Rahmen der Europäischen Union. Die neutralen Mitgliedstaaten waren jedoch zu einem solchen Schritt zunächst nicht bereit, da er in ihren Augen ihre Neutralität in Frage stellen und zu einer Militarisierung der EU führen mußte. Erst der Kosovo-Krieg veränderte das Bild. Die diplomatischen Initiativen der Union schlugen erneut fehl; erst der von der NATO geführte und damit von den USA geleitete Luftkrieg gegen Serbien zwang den jugoslawischen Präsidenten Slobodan Milosevic zum Einlenken. Erneut hatte Europa militärische Kapazität gefehlt, auch wenn europäische Politiker, allen voran der damalige Ratsvorsitzende, Bundesaußenminister Joschka Fischer, bei den Bemühungen um einen Friedensschluß und die Einbindung Rußlands federführend waren. Und erneut wirkte die Krise als Katalysator. Die französische Tageszeitung *Le Monde* kommentierte sogar: «Vielleicht wird man einmal sagen, daß Europa jetzt geboren wurde.»

Denn nun rangen sich die Mitgliedstaaten dazu durch, der Union eigene militärische Kapazitäten zu verschaffen und die

WEU in die Europäische Union einzugliedern. Ein ständiges «Politisches und Sicherheitspolitisches Komitee» (PSK), ein aus Vertretern der Generalstabschefs zusammengesetzter Militärausschuß und ein Militärstab wurden geschaffen, um Krisensituationen zu identifizieren, Handlungsoptionen zu entwerfen und künftige Kriseneinsätze zu leiten. 60000 Soldaten sollten ab 2003 als Kriseninterventionstruppe innerhalb von 60 Tagen und über einen Zeitraum von einem Jahr einsatzfähig sein; ebenfalls bis 2003 sollte die Union außerdem in der Lage sein, bis zu 5000 Polizisten für internationale Missionen bereitzustellen. Die Union will damit bis 2003 zum voll handlungsfähigen internationalen Akteur werden, der in Krisen auf dem eigenen Kontinent und darüber hinaus auch ohne die Hilfe der Vereinigten Staaten eingreifen kann. Sie kommt damit auch einem Wunsch der Europäer nach: Umfragen zufolge unterstützen 65 Prozent der Unionsbürger eine gemeinsame Außenpolitik, und 73 Prozent befürworten eine gemeinsame Sicherheits- und Verteidigungspolitik. Das Handeln auf internationaler Bühne wird von ihnen als eine der zentralen Aufgaben Europas wahrgenommen – die einzelnen Staaten sind zu wirksamer Außenpolitik kaum mehr in der Lage, die Idee von Europa als politischer Kraft erlebt eine Renaissance. Daß Europa mehr und mehr auch von außen als solche wahrgenommen wird, zeigt sich nicht zuletzt in der politischen Symbolik: Als der Hohe Beauftragte Javier Solana nach den Terroranschlägen in New York und Washington am 11. September 2001 vom US-Nachrichtensender CNN zu der Reaktion Europas befragt wurde, gab eine Einblendung seine Funktion als «EU Foreign Minister» an.

6. Der Euro: Die Einführung einer gemeinsamen Währung

Von ähnlich fundamentaler Bedeutung wie die Schaffung einer gemeinsamen Außenpolitik ist für das europäische Bewußtsein die Einführung einer gemeinsamen Währung. Die Wirtschafts- und Währungsunion (WWU) war zweifellos die bedeutendste und zugleich umstrittenste Neuerung des Vertrags

von Maastricht. In diesem Zusammenhang wird oft unterstellt, daß bei den Verhandlungen im Vorfeld des Vertragsschlusses die Aufgabe der Deutschen Mark der Preis für die
deutsche Vereinigung gewesen sei. Die Bundesrepublik habe
durch ihre Zustimmung zur Währungsunion die Hinnahme
der Wiedervereinigung durch ihre europäischen Partner, allen
voran Frankreich, «erkauft». Die Chronologie widerlegt die
These: Bereits im Juni 1989 – also noch vor den revolutionä-
ren Ereignissen in der DDR – war die Einführung einer gemeinsamen Währung im Grundsatz beschlossen worden. Nur
der Zeitplan war noch unklar, und allein in dieser Frage
machten Helmut Kohl und sein Außenminister Hans-Dietrich
Genscher zwischen dem 9. November 1989 und dem 3. Oktober 1990 gewisse Zugeständnisse.

Anders als es die These, die D-Mark sei der Einheit geop-
fert worden, unterstellt, lag diese Haltung durchaus im
deutschen Interesse – politisch wie ökonomisch. Denn für
Deutschland als exportorientierte Volkswirtschaft – 50 Prozent der Exporte gehen in die übrigen Staaten der Europäischen Union – ist das stabile Währungsumfeld, wie es mit der
Wirtschafts- und Währungsunion geschaffen wird, von gro-
ßem Vorteil, vermeidet es doch Wechselkursschwankungen
und erleichtert so die Kalkulation der Exportunternehmen.

Die Bundesrepublik gab mit Abschluß des Maastrichter
Vertrags ihre Währungssouveränität zugunsten einer europäischen Zentralbank auf. Dies taten auch die übrigen EG-Mitgliedstaaten. Doch für sie bedeutete dieser Schritt letztlich
einen Souveränitätsgewinn: Mit der Errichtung einer gemeinsamen Europäischen Zentralbank (EZB) waren sie nicht mehr
den Entscheidungen der Deutschen Bundesbank «ausgelie-
fert», ohne diese merklich beeinflussen zu können. Diese Probleme einer allzu großen Abhängigkeit von der Bundesbank
zeigten sich am Anfang der neunziger Jahre in besonderer
Dringlichkeit. Die Entscheidung der Regierung Kohl, den Aufbau der neuen deutschen Bundesländer überwiegend durch
Kredite zu finanzieren, veranlaßte die Bundesbank, als Gegenreaktion die Zinsen drastisch zu erhöhen. Der Effekt war in

ganz Europa spürbar. Die europäischen Partner der Bundesrepublik mußten wegen der gestiegenen Zinsen eine empfind-
liche Dämpfung ihrer Wachstumszahlen hinnehmen.

Das allseitige Interesse, eine Währungsunion zu schaffen,
war schon weit vor den Verhandlungen zum Vertrag von
Maastricht erkannt worden. Ihren Anfang nahm die Entwicklung in den sechziger Jahren. Um den Währungskrisen der
Zeit zu begegnen, gab der Gipfel der Staats- und Regierungschefs in Den Haag 1969 einen Entwurf für eine Wirtschaft-
sund Währungsunion in Auftrag. Der nach dem dabei feder-
führenden Politiker benannte «Werner-Plan» gab dazu 1971
detaillierte Empfehlungen ab. Der Plan wurde jedoch angesichts der kritischen Wirtschaftslage der siebziger Jahre nicht
verwirklicht.

Die Notwendigkeit einer wirtschafts- und währungspolitischen Koordination blieb freilich bestehen. 1977 ergriff Kom-
missionspräsident Roy Jenkins eine neue Initiative, die vom
französischen Präsidenten Valéry Giscard d'Estaing und von
Bundeskanzler Helmut Schmidt aufgegriffen wurde. Das Ergebnis war das 1979 etablierte Europäische Währungssystem
(EWS), ein (regionales) System fester Wechselkurse. Die Zentralbanken der teilnehmenden Staaten waren verpflichtet,
Abweichungen von den festgelegten Wechselkursen durch
Interventionen innerhalb einer Bandbreite von 2,25 Prozent
zu halten; Abwertungen waren jedoch in Ausnahmefällen zu-
gelassen. Als Bezugspunkt der Festlegung wurde für das EWS
die Europäische Rechnungseinheit ECU (*European Currency
Unit*) eingeführt, wobei sich ein ECU als gewogener Durch-
schnitt der Währungen im EWS berechnete.

In den achtziger Jahren kam man auf die Idee einer Wirt-
schafts- und Währungsunion zurück. Die mittlerweile mehr
oder weniger erreichte Stabilisierung der Währungen wurde
nunmehr als ein erster Schritt zu einer viel weitergehenden
Kooperation verstanden. Die Einheitliche Europäische Akte
erinnerte in ihrer Präambel an dieses schon mit dem «Werner-
Plan» ins Auge gefaßte Ziel. Unter der Ägide von Kommis-
sionspräsident Jacques Delors wurde schließlich ab 1988 ein

dreistufiger Plan zur Schaffung einer gemeinsamen Währung und einer europäischen Zentralbank entworfen. Dieser «Delors-Plan» bildete die Grundlage der Verhandlungen der Regierungskonferenz zur Wirtschafts- und Währungsunion, die mit Unterzeichnung des Vertrags von Maastricht am 7. Februar abgeschlossen wurden.

Die Wirtschafts- und Währungsunion wurde somit in Phasen verwirklicht. Schon vor Unterzeichnung des Vertrags von Maastricht, am 1. Juli 1990 war durch Beschluß des Europäischen Rates 1989 in Madrid die erste Stufe der Wirtschafts- und Währungsunion in Kraft getreten. Im Rahmen dieser ersten Stufe wurde eine umfassende Liberalisierung des Geld- und Kapitalverkehrs vorgenommen. Die zweite Stufe, die am 1. Januar 1994 begann, sollte die «Konvergenz» der an der Währungsunion beteiligten Volkswirtschaften sicherstellen. Der EG-Vertrag (in der Fassung von Maastricht und durch ein Protokoll ergänzt) verweist als Konvergenzkriterien (1) auf die «Erreichung eines hohen Grades an Preisstabilität», worunter zu verstehen war, daß die Inflationsrate eines Teilnehmerstaates nicht um mehr als 1,5 Prozent von der durchschnittlichen Inflationsrate über der der drei Staaten mit den niedrigsten Inflationsraten liegen durfte; (2) auf «eine auf Dauer tragbare Finanzlage der öffentlichen Hand»: Das Budgetdefizit durfte nicht mehr als 3 Prozent des Bruttoinlandsprodukts (BIP) betragen und der gesamte Schuldenstand nicht 60 Prozent des BIP überschreiten; (3) auf Wechselkursstabilität, wobei eine längere abwertungsfreie Teilnahme am EWS als Kriterium diente; und schließlich (4) auf eine Dauerhaftigkeit der Konvergenz. Letztere wurde insbesondere an den längerfristigen Zinssätzen abgelesen. Diesen Konvergenzkriterien – so wurde vielfach bemerkt – haftet eine gewisse Willkür an. Sie sind weniger ökonomische Wahrheiten als vielmehr ein politischer Kompromiß, der umriß, was realistisch und erreichbar war.

Die dritte Stufe der Wirtschafts- und Währungsunion trat schließlich am 1. Januar 1999 in Kraft. Ihr Kernstück war die gemeinsame Währung, die auf den Namen «Euro» getauft

worden war. Auf Vorschlag des Europäischen Währungsinsti-
tuts (EWI), des Vorläufers der EZB in der Übergangsphase,
beschloß der Rat am 2. Mai 1998 die Teilnahme von elf Staaten am Euro. Am 1. Januar 1999 wurden die Wechselkurse
zwischen den Währungen dieser Staaten auf Dauer fixiert.
Die Europäische Zentralbank übernahm zur Gänze die Gestaltung und Durchführung der Währungspolitik der Teilnehmerstaaten. Die Münzen und Scheine des Euro wurden
schließlich am 1. Januar 2002 in Umlauf gebracht. Großbritannien, Schweden und Dänemark entschieden, vorerst nicht
an der Währungsunion teilzunehmen. Großbritannien und
Dänemark hatten sich schon bei den Verhandlungen in Maastricht ein *opt-out* aus dem für alle anderen Staaten automa-
tischem Inkrafttreten der WWU ausbedungen. Während in
Großbritannien ein von der Regierung Blair in Aussicht ge-
stelltes Referendum über den Beitritt zur Euro-Zone wegen
der skeptischen Einstellung der Bevölkerung vorerst noch
nicht absehbar ist, entschieden sich die Dänen im September
2000 in einem Referendum mit einer Mehrheit von 53,1 Prozent gegen den Euro. Griechenland, das 1998 die Konvergenzkriterien nicht erfüllte, ist seit dem 1. Januar 2001 in die
Euro-Gruppe aufgenommen.

Die Teilnehmerstaaten der WWU erklärten sich in einem
bisher ungekannten Ausmaß zu einer Übertragung von Souve-
ränitätsrechten auf «Europa» bereit. Zur Hüterin über die
gemeinsame Währung wurde eine Europäische Zentralbank
(EZB) bestellt, die weitgehend nach dem Modell der Deutschen Bundesbank gestaltet wurde. Ihr wurde – dem Vorbild
entsprechend – vollständige Unabhängigkeit von Vorgaben
der Politik gewährt. Dabei knüpfte man an die «deutsche Sta-
bilitätskultur» an: Vorrangiges Ziel der EZB ist es, «die Preisstabilität zu gewährleisten» (Art. 105 EGV).

Auch wenn die Geldpolitik der Teilnehmerstaaten an der
WWU vollständig auf die europäische Ebene übertragen ist,
existieren die nationalen Zentralbanken weiter: Sie sind in das
Europäische System der Zentralbanken (ESZB) eingebunden.
Ihre Funktion innerhalb dieses Systems beschränkt sich nicht

nur auf die Erhebung statistischer Daten; die Präsidenten der nationalen Zentralbanken sind zudem in die Entscheidungs-abläufe der EZB eingebunden. Sie gehören dem EZB-Rat an, zusammen mit den Mitgliedern des sechsköpfigen EZB-Direk-toriums. An dessen Spitze steht als Präsident der EZB der Niederländer Wim Duisenberg.

Mit der Unabhängigkeit der EZB und ihrer Orientierung auf Währungsstabilität wurde den Staaten nicht nur die Mög-lichkeit genommen, durch Manipulation der Geldpolitik Ein-fluß auf die wirtschaftliche Entwicklung zu nehmen. Da sie nahezu ausschließlich auf das Ziel der Preisstabilität ausge-richtet ist, ist es auch wahrscheinlich, daß sie Staatsausga-benprogramme, die die Konjunktur ankurbeln sollen, aber in-flationär wirken, durch geeignete Maßnahmen – Zinserhö-hungen etwa – konterkarieren wird. Um die Auslöser dazu von vornherein zu vermeiden, wurden die Teilnehmer auf einen Kurs strikter Budgetdisziplin verpflichtet. Vor allem der deutsche Finanzminister Theo Waigel drängte in bezug auf die Konvergenzkriterien auf die Möglichkeit von Sanktio-nen bei Abweichungen. Er wollte sicherstellen, daß die Bud-getdisziplin auch nach der Einführung des Euro erhalten blie-be. Bei Ländern mit notorisch defizitären Staatshaushalten wie Italien erschien das keineswegs selbstverständlich. Mit dem vom Europäischen Rat in Dublin im Dezember 1996 be-schlossenen «Stabilitäts- und Wachstumspakt» wurde ein dieser Vorstellung Rechnung tragendes Vorgehen festgelegt. Bei einem Abweichen vom Kurs der finanzpolitischen Diszi-plin waren – sofern nicht als Ausnahmetatbestand ein emp-findlicher Rückgang des BIP vorlag – nach bestimmten Krite-rien Geldbußen zwischen 0,2 und 0,5 Prozent des BIP zu ent-richten.

In Deutschland fiel der Abschied von der Deutschen Mark schwer, da sie nach der Erfahrung der Hyperinflation in den zwanziger Jahren und der Geldentwertung nach dem Zweiten Weltkrieg als Garantin für Preiswertstabilität galt und zum Symbol für das deutsche «Wirtschaftswunder» stilisiert wur-de. Zudem gab es eine ökonomische Kritik, die monierte, die

europäischen Staaten stellten keinen «optimalen Währungsraum» dar. Bei einer Wachstumsschwäche in einer Region des
Euroraumes könne die EZB – die dem gesamten Währungs-
gebiet verpflichtet ist – keine zielgenauen Maßnahmen treffen. Die Schwierigkeiten einer Fixierung der Wechselkurse
wurden durch die Krisen im EWS von 1992/93 deutlich vor
Augen geführt. Damals waren insbesondere das britische
Pfund und die italienische Lira (zumindest vorübergehend) gezwungen, aus dem Währungsverband auszuscheiden.

Die Bilanz des Euro ist «gemischt». Einerseits sank der Außenwert des Euro im Vergleich zum Dollar von einem Wert
von 1,16 am 1. Januar 1999 auf einen Tiefstand von 0,83 im
Herbst 2000. Als Erklärung für diesen schwachen Außenwert
wurde oft das größere Wachstumspotential der amerikanischen Wirtschaft gesehen, das in den überdurchschnittlichen
Wachstumszahlen der USA im Jahr 2000 zum Ausdruck kam.
Bemerkenswert ist jedoch, daß der Eurokurs zu einem Zeitpunkt seinen niedrigsten Außenwert erreichte, als die Aktien-
kurse in den Vereinigten Staaten längst in einem deutlichen
Abwärtstrend waren. Dies widerspricht der Deutung, daß Kapital aus Europa abgezogen wurde, um im wachstumskräfti-
geren Amerika angelegt zu werden – mit den entsprechenden
währungspolitischen Folgen. Eine alternative Erklärung wäre
daher, daß die in Osteuropa zirkulierenden Barbestände europäischer Währungen, insbesondere an DM, vor der Einführung des Euro in Dollarbestände transferiert werden – was die
Schwäche des Euro gegenüber dem Dollar (jedenfalls zum
Teil) erklären könnte.

Bei der Diskussion um den Außenwert des Euro wird oft
übersehen, daß es die primäre Aufgabe der EZB ist, die Stabilität der neuen Währung nach innen, also Preisstabilität her-
zustellen ist. Dieses Ziel wurde durchaus erreicht. Inflationäre
Tendenzen erwiesen sich nicht als nachhaltig. Problematisch
ist wohl eher der Euroraum als *ein* Währungsraum. Während
die Konjunktur in Spanien und Irland Gefahr lief zu überhit-
zen, zeigte die Konjunktur in Deutschland 2001 deutliche
Schwächen. Während das eine nach einer Zinserhöhung ver-

langte, verlangte das andere eine Zinssenkung. Eine genuin
europäische Währungspolitik muß hier zu vermitteln suchen.
Nicht alle partikularen Bedürfnisse können solchermaßen be-
friedigt werden.

Offen ist außerdem die Frage, ob die Währungsunion eine
stärkere Vergemeinschaftung der nationalen Wirtschaftspoli-
tiken nach sich ziehen wird. Denn die Wirtschaftsunion blieb
im Maastrichter Vertrag ein schwach ausgeprägter Aspekt der
WWU. Ob der von manchen erhoffte, von manchen befürchtete *spill-over*-Effekt tatsächlich eintreten wird, ist fraglich.
Denn die nationalen Gestaltungsfreiräume ermöglichen derzeit einen «Systemwettbewerb». In diesem können die verschiedenen Staaten für wirtschaftliche Problemstellungen verschiedene Lösungen erarbeiten, wobei dann diejenige mit den
erwünschten wirtschaftlichen und sozialen Ergebnissen von
anderen übernommen werden kann. Automatischen *spill-over*
wird es daher kaum geben, solange nicht eine politische Entscheidung darüber getroffen wurde, ob dieser «Systemwettbewerb» gewünscht ist oder nicht.

7. Das Wesen der Union

Die gegenwärtige Union nimmt zahlreiche «staatliche» Aufgaben wahr. Ihre Strukturen jedoch entsprechen dieser Bedeutung nur unzureichend. Seit Joschka Fischer am 12. Mai 2000
in einer Rede an der Berliner Humboldt-Universität die Frage
nach dem Ziel (*la finalité*) der europäischen Einigung auf-
warf, ist daher in Europa eine Debatte um die politische Zukunft des Kontinents entbrannt. Fischer war zwar nicht der
erste, der dieses Problem ansprach, aber seine Rede faßte doch
wie in einem Brennglas eine schon lange andauernde Diskussion zusammen, die um die Frage kreist: Was ist das Ziel der
europäischen Integration? Die pragmatische *méthode Monnet*, die funktional orientierte Integration ohne Zielvorgabe,
scheint an ihr Ende gekommen zu sein. Sie hatte über lange
Zeit zu immer weiteren und tiefer gehenden Integrationsschritten geführt, gerade weil über das «letzte» Ziel der Inte-

gration geschwiegen wurde. Fundamentale Meinungsverschie-
denheiten über die endgültige Gestalt Europas kamen so nicht
zum Tragen; der Integrationsprozeß schritt voran, weil eine
Einigung auf jeweils Naheliegendes und sich aus früheren Integrationsschritten Ergebendes – die Vollendung des Binnenmarktes beispielsweise – nicht mit der einen oder anderen
Zukunftsvision verknüpft war.

Spätestens seit dem Maastrichter Vertrag drängten Grund-
satzfragen aber in den Vordergrund. So tief die Eingriffe der
Europäischen Gemeinschaften in die politische Gestaltungs-
macht der Mitgliedstaaten auch schon zuvor gewesen sein
mochten: Nunmehr nahm die breite Öffentlichkeit die Kompetenzen «Europas» bewußt und kritisch wahr. Vor allem die
Wirtschafts- und Währungsunion bewirkte eine «Politisie-
rung» des Integrationsprozesses, der vielen bis dahin als ein
eher technokratisches Unterfangen erschienen war. Zum ersten Mal in der Integrationsgeschichte wurde der «Wert» der
Integration (zunächst noch vorsichtig) in Frage gestellt: War-
um etwa sollte Deutschland seine über Jahrzehnte bewährte
Währung zugunsten eines europäischen Zahlungsmittels auf-
geben, dessen Stabilität von Anfang an gefährdet und deren
Auswirkungen unsicher erschienen? Mischte «Brüssel» sich
nicht in viel zu viele Angelegenheiten, die auf nationaler oder
regionaler Ebene schneller und effizienter erledigt werden
konnten? Die letzte Frage aufgreifend entspann sich eine Debatte über Kompetenzabgrenzungen zwischen Nationalstaat
und Europäischer Union.

Nach 50 Jahren erschien es daher an der Zeit, die endgültige Gestalt des Gemeinwesens zu bestimmen, das mit dem
Schuman-Plan seinen Anfang genommen hatte. Die Vorstellungen über die Gestalt einer «vollendeten» Europäischen
Union sind allerdings recht unterschiedlich. Einander diame-
tral widersprechende Konzepte prallen aufeinander. Wie soll
das Europa der Zukunft aussehen? Sind es die machtvollen
«Vereinigten Staaten von Europa», ein enger Zusammenschluß der europäischen Staaten nach dem Vorbild der amerikanischen Verfassung von 1787, die eine starke Zentralgewalt

begründete und bis heute gilt? Oder ist es eher die *Union d'Etats* des Generals de Gaulle, eine lose Verbindung souveräner Nationalstaaten? Soll die europäische Integration letztlich in einen Bundesstaat münden, oder steht am Ende des über fünfzigjährigen Einigungsprozesses ein Staatenbund, vergleichbar dem vom Wiener Kongreß 1815 geschaffenen Deutschen Bund oder allenfalls den USA unter den *Articles of Confederation* (1776–1787)?

Die «staatsrechtliche» Komponente. Die rechtliche Grundlage der Europäischen Union sind völkerrechtliche Verträge zwischen den Mitgliedstaaten; diese sind demnach die «Herren der Verträge» und damit letztlich – so zumindest die Fiktion – die Inhaber der vollen Souveränität und der letzten Entscheidungsgewalt. Allerdings gehen die Kompetenzen, Verfahrensweisen und Handlungsbefugnisse, die der Union und ihren Organen in diesen Verträgen zugestanden wurden, über das Muster einer «klassischen» internationalen Organisation weit hinaus: Die Europäische Union greift unmittelbar in das tägliche Leben ihrer Bürger ein, sie prägt die Rechtsordnung ihrer Mitgliedstaaten in weiten Bereichen entscheidend mit, und sie setzt dieses Recht mittels Verfahren, die es in vielen Fällen ermöglichen, einzelne Staaten zu überstimmen. Die EU ist mehr als eine internationale Organisation.

Sie ist andererseits auch kein «Staat». Nach der klassischen Definition von Georg Jellinek zeichnet sich ein Staat durch drei Merkmale aus: Staatsgebiet, Staatsvolk und Staatsgewalt. Über ein klar definiertes «Staats»-Gebiet verfügt die Union in Gestalt des Territoriums ihrer Mitgliedstaaten. Dieses Gebiet gewinnt auch in zunehmendem Maße einen einheitlichen Charakter: Die Bestimmungen des Vertrags von Amsterdam zur Innen- und Justizpolitik machen das Unionsgebiet zu einem (einheitlichen) «Raum der Freiheit, der Sicherheit und des Rechts» (Präambel EUV), und die Gemeinsame Außen- und Sicherheitspolitik dient unter anderem auch der (man kann ergänzen: territorialen) «Unversehrtheit der Union» (Art. 11 EUV).

Auch ein «Staats»-Volk ließe sich erkennen. Die Union verfügt über das Institut der Unionsbürgerschaft, die eigene Rechte der Bürger begründet: das Recht auf Freizügigkeit im Unionsgebiet, einen Anspruch auf konsularischen Schutz im Ausland durch die Vertretungen aller EU-Mitglieder und das Recht zur Teilnahme an Kommunal- und Europawahlen im Aufenthaltsland, auch ohne dessen Staatsangehörigkeit zu besitzen. Definiert ist die Unionsbürgerschaft allerdings nicht durch eigene materielle Regelungen, sondern ausschließlich über das Staatsangehörigkeitsrecht der Mitgliedstaaten: Wer Holländer, Deutscher oder Italiener ist, ist gleichzeitig auch Unionsbürger.

Hingegen fehlt der Union im Hinblick auf Jellineks drittes Kriterium, die Staatsgewalt, ein entscheidendes Charakteristikum von Staatlichkeit: Die Möglichkeit, «erfolgreich das Monopol legitimen physischen Zwanges für die Durchführung der Ordnungen in Anspruch» (Max Weber) zu nehmen. Der Europäischen Union fehlt die Zwangsgewalt. Zur Durchsetzung ihrer Rechtsordnung bedient sie sich der Exekutive ihrer Mitgliedstaaten; die Union hat keine eigene Polizei – sieht man einmal von Europol ab, das aber bislang keine operativen Befugnisse hat –, und sie hat kein eigenes Militär. Wenngleich die Unionsorgane durchaus über Sanktionsmöglichkeiten verfügen (zum Beispiel Zwangsgelder, die der Europäische Gerichtshof verhängen kann), letztlich fehlt ihr das Schwert des Leviathan.

Die Europäische Union ist somit weder eine internationale Organisation noch ein Staat. Sie ist ein Gebilde *sui generis*, ein Konstrukt eigener Art, das weder Vorbilder noch Parallelen hat. Als «supranationalen Föderalismus» hat der Rechtswissenschaftler Armin von Bogdandy die Gestalt der Europäischen Union beschrieben; andere Politikwissenschaftler sprachen von einem «dynamischen Mehrebenensystem» (Beate Kohler-Koch und Markus Jachtenfuchs). Beide Begriffe versuchen, eine Eigenart des europäischen Gemeinwesens zu erfassen. Denn auch wenn die Union in vielem an einen Bundesstaat erinnert, also föderale Züge trägt, so ist sie doch nicht einseitig hierarchisch strukturiert. Zwar gibt es eine Hierarchie der Normen, derzufolge Unionsrecht entgegenstehendes mitgliedstaatliches Recht bricht. Doch ist diese Normenhierarchie nicht mit einer gleichgerichteten Hierarchie der Macht verbunden. Das Monopol legitimer Gewaltanwendung liegt im Gegenteil nach wie vor bei den Mitgliedstaaten. Die Souveränität in der Europäischen Union ist aufgeteilt, Union und Mitgliedstaaten bilden einen «horizontalen» Verbund der Mitgliedstaaten untereinander (in Gestalt der intergouvernementalen Kooperation im Rahmen der zweiten und dritten «Säule» der Union etwa) und einen «vertikalen» Verbund unter Einschluß der supranationalen Organe und Verfahren der Europäischen Gemeinschaft. Traditionelle Staatlichkeit wird durch diesen «Integrationsverbund» entscheidend verändert, Regelungen werden nicht mehr von einem hoheitlich handelnden Staat autonom erlassen, sondern finden sich in zum Teil komplexen Verhandlungsprozessen, die zwischen Vertretern von Staaten, Unionsorganen und zum Teil sogar Interessengruppen ablaufen.

Identität, Legitimität, Demokratiedefizit. Von einem Wandel des Staatlichen läßt sich nicht nur mit Blick auf die Europäische Union sprechen. Auch in den Mitgliedstaaten der EU und – über sie hinaus – in allen modernen, «westlichen» Staaten läßt sich eine Tendenz von der hoheitlichen Steuerung zu kooperativen Formen des Regierens feststellen, die neben staatlichen Institutionen gesellschaftliche Gruppierungen und wirtschaftliche Interessengruppen einschließen. Das von der deutschen Regierung initiierte «Bündnis für Arbeit» oder die in den Niederlanden zwischen Regierung, Arbeitgebern und Arbeitnehmern getroffenen weitreichenden Vereinbarungen zum Abbau der Arbeitslosigkeit sind hierfür Beispiele. Diese neuen Formen des Regierens erhöhen die gesellschaftliche Akzeptanz politischer Entscheidungen, da einflußreiche Gruppen von Betroffenen bereits frühzeitig in die Entscheidungsfindung einbezogen werden. Der gravierendste Nachteil einer solchen «Verhandlungsdemokratie» ist ein Mangel an demokratischer Legitimität. Nicht die gewählten Volksvertreter treffen die wichtigen politischen Entscheidungen – ihnen bleibt lediglich die Aufgabe, einmal getroffenen Vereinbarungen im nachhinein zuzustimmen, ohne Änderungen vornehmen zu können. Vielmehr werden diese Entscheidungen weitgehend von Interessenvertretern bestimmt. Dabei sind gut organisierte, schlagkräftige Gruppierungen im Vorteil; die Interessen großer, nicht oder nur unzureichend organisierter Bevölkerungsgruppen bleiben hingegen oft unberücksichtigt. Auch die «herkömmliche» parlamentarische Demokratie kennt eine solche Asymmetrie der Interessenvertretung. Auch in ihr nehmen mächtige Verbände Einfluß, und nicht oder kaum organisierte Interessen bleiben unberücksichtigt. Die Entwicklung der Regierungssysteme in Richtung Verhandlungsdemokratie verstärkte diese Defizite der repräsentativen Demokratie allerdings erheblich.

Vor diesem Hintergrund muß auch das viel bemühte «Demokratiedefizit» der Europäischen Union beurteilt werden. Zumeist wird dieses Demokratiedefizit monokausal mit der mangelnden Beteiligung des Europäischen Parlaments an der europäischen Gesetzgebung begründet. Die demokratische Ausgestaltung und mithin die Legitimität der europäischen Entscheidungsprozesse ist in der Tat vielfach fragwürdig: Nationale Minister – Vertreter der Exekutiven also – arbeiten auf der Ebene der Union als Gesetzgeber; das unmittelbar vom Wähler legitimierte Europaparlament bleibt bei vielen Entscheidungen – trotz der Stärkung seiner Kompetenzen in den letzten fünfzehn Jahren – weithin unbeteiligt. Eine solche Konstruktion ist hinnehmbar, solange die Minister einstimmig entscheiden müssen und so eine Kontrolle der Entscheidungen durch die nationalen Parlamente lückenlos möglich ist. (In der Regel werden diese die Entscheidungen ihrer Regierungen gutheißen.) Sobald aber Entscheidungen mit Mehrheit getroffen werden, ohne daß die Zustimmung des Straßburger Parlaments, des Repräsentationsorgans aller europäischen Bürger, erforderlich ist, entsteht eine «Legitimationslücke». Denn auch die nationalen Parlamente (der Länder, deren Vertreter einer Entscheidung nicht zugestimmt haben) haben in dieser Konstellation einzeln keine Möglichkeit mehr, Beschlüsse des Ministerrates zu steuern. Nur wenn das Europaparlament diesen Beschlüssen zustimmen müßte, könnte dieses Problem behoben werden.

Das Legitimationsdefizit der Europäischen Union erschöpft sich jedoch nicht in der Frage parlamentarischer Beteiligungsrechte und Einflußmöglichkeiten. Das Problem ist grundlegender: Dem europäischen Einigungswerk fehlt es – jedenfalls seit Maastricht – in zunehmendem Maße an gesellschaftlicher Akzeptanz in einem umfassenden Sinne. Dies drückt sich nicht nur in Umfragen aus, die zeigen, daß der Nutzen der europäischen Union von immer weniger Bürgern anerkannt wird. Auch die Wahlen zum Europäischen Parlament belegen dies. Seit Einführung der Direktwahlen 1979 ist die Wahlbeteiligung stetig und deutlich gesunken. Dieser Befund gilt zwar für jede Art von Wahlen in den Staaten der Union, doch ist das Interesse auch im Vergleich zu Wahlen kommunaler, regionaler oder nationaler Art sehr gering. 1999 beteiligten sich europaweit gerade noch 57 Prozent der Wahlberechtigten an der Abstimmung. Auch in diesem Fall handelt es sich um ein «Demokratiedefizit», wenngleich um eines anderer Art: Europas Bürger akzeptieren die Europäische Union nur sehr eingeschränkt als eine legitime Instanz der Politikgestaltung. Die Union ist komplex strukturiert und für den «Normalbürger» weitgehend undurchschaubar. Die Union ist zudem ein dem einzelnen Bürger fernstehendes Gebilde; nur schwer ist für den Bürger ein Bezug zwischen sich selbst (und seiner Wahlentscheidung) und europäischer Politik zu erkennen. Dies hat eine Reihe von Ursachen, deren wichtigste ein sehr eingeschränktes Zusammengehörigkeitsgefühl der Bürger zur Europäischen Union ist. Die Union ist zu «weit weg». «Die Menschen akzeptieren das demokratische Mehrheitsprinzip nur in einem Gemeinwesen, zu dem sie sich selbst zugehörig fühlen» (Joseph Weiler).

Nicht nur in Wahlen und Umfragen zeigt sich dieser Mangel an Zusammengehörigkeitsgefühl. Er kam auch beim irischen Referendum über den Vertrag von Nizza im Frühjahr 2001 zum Ausdruck oder in den Reaktionen auf die «Österreichpolitik» der Europäischen Union. Als nach den Nationalratswahlen vom Oktober 1999 die konservative Österreichische Volkspartei (ÖVP) zusammen mit der populistischen Freiheitlichen Partei (FPÖ) Jörg Haiders eine Koalition bildete, reagierten die übrigen vierzehn EU-Mitgliedstaaten am 31. Januar 2000 mit einem bilateralen Boykott österreichischer Regierungsvertreter, der erst im September des Jahres aufgegeben wurde. Die Maßnahmen symbolisierten zwar das wachsende Interesse der Europäer an den innenpolitischen Entwicklungen in anderen EU-Staaten; sie führten jedoch zu verstärkten Ressentiments gegenüber «Brüssel» – vor allem in manchen kleinen EU-Staaten. Die Bevölkerung dieser Länder erachtete die Boykottmaßnahmen als diskriminierend; sie konnte sich bestärkt fühlen, nachdem angesichts der Bildung der italienischen Regierung unter Silvio Berlusconi im Sommer 2001 vergleichbare Maßnahmen nicht getroffen wurden. Dabei schloß Berlusconis Regierung die ehemaligen Neofaschisten ein. Auch wenn nicht die Union, sondern nur die einzelnen Mitgliedstaaten die österreichische Regierung isolierten – wahrgenommen wurde ein Eingriff «Europas» in das demokratische Recht eines kleinen Volkes, sich seine Regierung selbst zu wählen. Dies vertraten auch Gruppierungen, die die Politik Jörg Haiders und die Koalition aus ÖVP und FPÖ strikt ablehnten.

Das Mißtrauen gegen Europa ist also weit verbreitet. Umfragen zeigen freilich, daß die Bürger nicht «weniger Europa» wollen, sondern eher ein «anderes Europa», eine Union, die sich auf die Herausforderungen konzentriert, die die einzelnen Nationalstaaten allein nicht mehr lösen können: die Bewältigung außenpolitischer Krisen etwa, die Bekämpfung der organisierten Kriminalität und des Terrorismus und den Umgang mit den Folgen der Globalisierung. Die Forderung nach einer klaren Abgrenzung nationaler und europäischer Kompetenzen ist denn auch sehr populär, und die Staats- und Regierungschefs der Mitgliedstaaten haben sie noch in Nizza zum zentralen Gegenstand einer weiteren Regierungskonferenz gemacht, die im Jahr 2004 zu einer nochmaligen Revision der Verträge führen soll.

Diese Regierungskonferenz soll durch eine intensive Debatte über die Zukunft Europas vorbereitet werden – ein Novum in der Geschichte solcher Konferenzen. Erstmals soll die Regierungskonferenz zudem auf der Grundlage von Vorschlägen operieren, die ein «Konvent» aus Vertretern der nationalen Regierungen und der Kommission, des Europaparlaments und der mitgliedstaatlichen Volksvertretungen erarbeiten soll. Nach den negativen Erfahrungen mit dem Gipfel von Nizza, auf dem tage- und nächtelang um Kompromisse gerungen wurde und dessen Ergebnisse die hochgesteckten Erwartungen alles in allem nicht erfüllen konnten, greifen die Mitgliedstaaten damit auf ein Modell zurück, das sich bei der Erarbeitung einer Charta der Grundrechte der Europäischen Union schon einmal bewährt hat.

Auch diese Charta war von einem Konvent ausgearbeitet worden, der von dem früheren deutschen Bundespräsidenten Roman Herzog geleitet wurde. Seine Aufgabe war es, aus den Verfassungsordnungen der Mitgliedstaaten, der Rechtsprechung des EUGH und einzelner Bestimmungen der Verträge die gemeinsamen menschenrechtlichen Überzeugungen der Europäer herauszufiltern. In insgesamt siebzehn Sitzungen zwischen Dezember 1999 und Oktober 2000 wurde die weltweit modernste Menschenrechtserklärung formuliert, die neben den traditionellen Freiheitsrechten auch wirtschaftliche und soziale Rechte sowie den Anspruch auf Datenschutz und genetische Selbstbestimmung festhält. Die Charta wurde von der Präsidentin des Europäischen Parlaments, Nicole Fontaine, dem Präsidenten der Europäischen Kommission, Romano Prodi, und dem damaligen amtierenden Präsidenten des Ministerrats, dem französischen Außenminister Hubert Védrine, am 7. Dezember 2000 feierlich proklamiert.

Die Grundrechtecharta stellt einen ersten Schritt zur Stärkung der Legitimität der Europäischen Union dar. Allerdings ist sie bislang nur eine Absichtserklärung; Rechtsgeltung

kommt ihr – gegenwärtig jedenfalls – nicht zu. Zwar beeinflußt sie schon heute die Rechtsprechung des Europäischen
Gerichtshofs – immerhin ist es ihr Anspruch, geltende Rechts-
überzeugungen sichtbar zum Ausdruck zu bringen. Ihr formal
Rechtskraft zu verleihen könnte aber den (bundes-)staatsähn-
lichen Charakter der Union weiter stärken – was die Befür-
worter eines solchen Schrittes hoffen, die Gegner befürchten.
Auf der Tagesordnung steht die Frage nach dem rechtlichen
Status der Charta jedenfalls, und spätestens 2004 wird hier-
über eine Entscheidung zu treffen sein. Der Vertrag von Nizza
benennt diese Frage nämlich ausdrücklich als einen der The-
menkreise des sogenannten «Post-Nizza-Prozesses» – zusammen mit der Abgrenzung von Kompetenzen und der Rolle der
nationalen Parlamente im Integrationsprozeß. Auch eine Vereinfachung der Verträge, die Sichtbarmachung des «konsti-
tutionellen Kerns» der Union, steht bis 2004 auf dem Programm. Das Gesicht der Europäischen Union dürfte sich
somit in den kommenden Jahren noch einmal erheblich verändern. In ihrem Wesen wird sich die Union weiter einem
«staatlichen» Zustand angenähert haben; ein Staat wird sie
freilich auch 2004 nicht sein.

IV. Auf dem Weg zum europäischen Bundesstaat?

Seit dem Beginn der europäischen Einigung zu Anfang der
fünfziger Jahre haben sich die politischen, sozialen und gesellschaftlichen Rahmenbedingungen der Integration mehrfach
grundlegend verändert. Dies gilt gerade auch für die jüngste
Vergangenheit. Es sind vor allem drei Entwicklungen, die
diese Rahmenbedingungen in den letzten Jahrzehnten tiefgreifend beeinflußten. Diese Veränderungen setzten schon in den
achtziger Jahren ein, sie wurden aber in ihren Zusammenhän-
gen und Auswirkungen erst am Ende des 20. Jahrhunderts
sichtbar. Keine dieser Entwicklungen führte zu nur *einer* Veränderung; zumeist waren die Resultate in einer Reihe von Po-

litik- und Lebensbereichen wahrzunehmen, und oft genug waren Ereignisse und Ergebnisse widersprüchlich.

Die erste Veränderung war die offensichtlichste: Die Teilung Europas in zwei konkurrierende politisch-militärische Machtblöcke, die zu Beginn der fünfziger Jahre die Einheit *West*europas befördert, die des *ganzen* Kontinents aber unmöglich gemacht hatte, wurde überwunden. Einer politischen Einigung des Kontinents steht seit 1991 keine große Macht mehr entgegen. Die Auflösung der überkommenen Machtstrukturen führte allerdings – vor allem in Ost- und Südosteuropa – zu einer Renaissance des nationalstaatlichen Denkens und in einigen Fällen zu aggressiven ethno-nationalistischen Ideologien und auch kriegerischen Auseinandersetzungen. Das «Ende der Geschichte» als Sieg von Freiheit und Demokratie, wie es der amerikanische Politikwissenschaftler Francis Fukuyama nach dem Ende des Ost-West-Konfliktes voreilig verkündet hatte, war auch in Europa noch nicht gekommen.

Die zweite Entwicklung ist die Beschleunigung der seit den sechziger Jahren zu beobachtenden Säkularisierung in Westeuropa: Die großen Kirchen verloren nicht nur an Mitgliedern und politischem Einfluß; auch ihre Wirkung auf das Leben der meisten Menschen verlor an Bedeutung. Gleichzeitig kam es vor allem im Osten und Südosten des Kontinents, aber auch bei den großen religiösen Minderheiten im Westen zu einer Wiederbelebung integralistisch-religiöser Vorstellungen. Zwischen den Religionsgemeinschaften und zwischen religiösen und säkularen Lebensweisen wird es in Zukunft zunehmend zu Konflikten kommen.

Die dritte Entwicklung wird für gewöhnlich mit dem Schlagwort Globalisierung gekennzeichnet. Der Begriff Globalisierung bezeichnet zunächst einmal einen Prozeß der Entgrenzung. Diese Entgrenzung vollzieht sich im Bereich der Wirtschaft wie in der Sphäre der Politik und der Kultur. Ihr Ausgangspunkt war allerdings die wirtschaftliche Entwicklung. Durch außenwirtschaftliche Liberalisierung und innerstaatliche Deregulierung nahm der Handel mit Waren und Dienstleistungen ständig zu, gleichzeitig stieg die Mobilität von

Kapital und Technologie. Das Resultat ist eine zunehmende Verschränkung und gegenseitige Abhängigkeit von Märkten und Produktionsformen. Die wirtschaftlichen Vorteile der Globalisierung sind dabei nicht gleichmäßig, sondern höchst unterschiedlich verteilt: Weniger wettbewerbsfähige Länder verarmen mehr und mehr. Die Entgrenzung nach außen bringt auch eine Entgrenzung nach innen mit sich. Die Sozialsysteme der Industriestaaten werden aus Wettbewerbsgründen in Frage gestellt, soziale Unterschiede vergrößern sich.

Die Auswirkungen und der Zusammenhang dieser drei Entwicklungen – im Hinblick auf die Zukunft der europäischen Integration – bedürfen einer genauen Analyse. Der Ausgangspunkt einer solchen Analyse muß die offensichtlichste der Veränderungen sein – der Wandel der machtpolitischen Konstellationen. Der Kalte Krieg ging in der zweiten Hälfte der achtziger Jahre zu Ende. Die osteuropäischen Staaten lösten sich in kurzer Zeit aus der Einflußsphäre der Sowjetunion und entwickelten sich in einem zum Teil noch nicht abgeschlossenen und von Rückschlägen gekennzeichneten Prozeß zu marktwirtschaftlich orientierten Demokratien. Die staatliche Teilung Deutschlands wurde 1989/90 überwunden, und die DDR ging in der Bundesrepublik Deutschland auf. 1991 löste sich schließlich auch die Sowjetunion auf. Die baltischen Staaten, Weißrußland, die Ukraine und Moldawien erlangten ihre Unabhängigkeit, ebenso Armenien, Aserbaidschan und Georgien. Der Prozeß der Bildung von neuen Staaten und Nationen war damit aber noch nicht abgeschlossen. In vielen Teilen des europäischen Rußland gibt es nach wie vor Unabhängigkeitsbewegungen, die teilweise auch mit Gewalt versuchen, sich von der Vorherrschaft Moskaus zu befreien. Auch in einigen anderen Nachfolgestaaten der Sowjetunion kämpfen nationale Minderheiten um Anerkennung oder sogar Selbständigkeit.

Ähnliches ereignete sich in Südosteuropa. Auch dort befreiten sich die ehemaligen Mitgliedstaaten des Warschauer Pakts von der Vorherrschaft der Sowjetunion und ihren eigenen kommunistischen Regimen. Am auffälligsten waren aber die

Entwicklungen im Südwesten des Balkans. Der Vielvölkerstaat Jugoslawien zerfiel in einen serbisch-montenegrischen Bundesstaat, Slowenien, Kroatien, Mazedonien und ein in sich zersplittertes Bosnien-Herzegowina. Teile Serbiens (Kosovo) und Bosnien stehen nach Beendigung von Bürgerkriegen unter internationaler Verwaltung. In Mazedonien konnte der Bürgerkrieg zwischen slawischen und albanischen Mazedoniern nur mühsam eingedämmt werden. Auch hier wird es für lange Zeit der Anwesenheit von internationalen Truppen bedürfen, die die Kombattanten voneinander trennen und einen Versöhnungsprozeß absichern. In all diesen Fällen ging die staatliche Unabhängigkeit von bisher in einem Staat verbundenen Ethnien einher mit dem Wiederaufleben einer überwunden geglaubten Ideologie. Die Kriege im ehemaligen Jugoslawien waren die extremste Variante des Nationenbildungsprozesses. Das Insistieren auf nationale Selbstbehauptung und ein übersteigerter Nationalismus fanden sich aber nicht nur auf dem Balkan und in den Nachfolgestaaten der Sowjetunion, sondern auch im Osten Europas. Die Rückbesinnung auf ethnische Herkunft beziehungsweise eine eigenstaatliche Tradition und der daraus resultierende Anspruch auf nationale Selbstbestimmung waren Teil einer allgemeinen, vor allem aber ost- und südosteuropäischen «Wiederentdeckung» des Nationalstaats.

Zwar erlebten die Staaten Osteuropas die Überwindung der militärischen und politischen Konfrontation des Ost-West-Konflikts als «Rückkehr» nach Europa, sie erfuhren den Zerfall des Ostblocks aber auch als Befreiung und Wiederherstellung ihrer Souveränität. In diesen Staaten ist ein Verzicht auf die gerade zurückgewonnene Souveränität daher nur unter großen Schmerzen und Anstrengungen zu bewerkstelligen. Die durch den Zerfall des «Ostblocks» geschaffene Chance, die Teilung des Kontinents zu überwinden, beinhaltet nicht nur die Gefahr eines Wiederauflebens alter nationalstaatlicher Egoismen und der Entstehung alter und neuer ethnischer Spannungen, sie setzt bei den Beitrittskandidaten auch die Bereitschaft voraus, die unter großen politischen Anstrengungen errungene Souveränität zumindest teilweise wieder aufzugeben.

Selbst bei den Gründungsmitgliedern der EU wich die ursprüngliche, Souveränitätsverluste in Kauf nehmende Akzeptanz der europäischen Integration einer beträchtlichen Skepsis. Das Beharren auf nationalstaatlichen Eigeninteressen ist spätestens seit Mitte der neunziger Jahre von größerer Bedeutung als in den ersten Jahrzehnten des Integrationsprozesses – vor allem deshalb, weil es den Regierungen der Mitgliedstaaten und den Organen der Union nicht zu gelingen scheint, ihren Bürgern die materiellen und politischen Vorteile der Integration hinreichend zu verdeutlichen. Gerade die geplante Osterweiterung wird von vielen Menschen in den «alten» Mitgliedstaaten als Bedrohung ihres Lebensstandards empfunden. Man fürchtet den massenhaften Zuzug billiger Arbeitskräfte und die Verlagerung von Investitionen in die Beitrittsländer. Auch wenn Wirtschaftssachverständige jeglicher Couleur diese Befürchtung zu entkräften suchen und im Gegenzug die wirtschaftlichen Möglichkeiten der Erweiterung in den Vordergrund stellen, so bleibt die Furcht vor Nachteilen doch eine nicht zu unterschätzende politische Kraft.

Es ergibt sich mithin ein widersprüchlicher Befund: Die neuerwachten nationalistischen Ideologien stehen einer nach Jahrzehnten der Trennung möglich gewordenen Einigung Europas im Weg. Selbst mit den Staaten, deren Beitritt zur EU in der näheren Zukunft zu erwarten ist, wird eine Vertiefung der Integration (nach der Erweiterung) schwieriger werden. Es wird schwerfallen, die neugewonnene Souveränität zugunsten europäischer Institutionen einzuschränken. Andererseits – und auch dies ist eine Folge dieser Entwicklung – machten gerade die Balkankriege deutlich, daß Europa auch wegen des Wiederauflebens der alten Krankheit des Nationalismus eigenständige Macht und Handlungsmöglichkeiten gewinnen muß. Die zum Krieg führenden Exzesse des Nationalismus auf dem Balkan zwangen die europäischen Staaten zu einer gemeinsamen Haltung. Die Notwendigkeit einer solchen Haltung besteht auch nach dem (vorläufigen) Ende der Feindseligkeiten fort, denn auch in Zukunft wird es in Europas Nachbarschaft zu Spannungen kommen. Erste Ansätze, auf

diese Notwendigkeit zu reagieren und im Bereich der Außenpolitik verstärkt zusammenzuarbeiten, sind vorhanden, etwa
in Gestalt der auf dem Balkan entstehenden «europäischen
Administration», die in einen «Stabilitätspakt» eingebettet ist.
Gleichzeitig zeigte die militärische Entwicklung die Notwendigkeit einer verstärkten europäischen Zusammenarbeit im Bereich der Sicherheits- und Verteidigungspolitik. Ausgehend von
dem Gedanken, daß die europäische Integration gerade in Krisen vorankommt, erweckten «pro-europäische» Politiker –
darunter auch der deutsche Außenminister Joschka Fischer –
den Eindruck, daß die Balkankriege in gewisser Weise sogar als
«europäische Einigungskriege» verstanden werden könnten.

Die zweite Entwicklung – die zunehmende religiöse Diversifizierung der europäischen Gesellschaften – ist von ähnlich
fundamentaler Bedeutung. Sie hat Auswirkungen vor allem
auf die «Idee» Europa, auf das Selbstverständnis des Kontinents: Das geistig-kulturell vereinte Europa und das Christentum sind – auch wenn letzteres nur noch als kultureller Rahmen verstanden würde – nicht mehr gleichzusetzen; es ist
nicht mehr möglich, «die beiden Begriffe zur Ausdrucksver-
stärkung bedeutungsgleich zu verwenden» (Franco Cardini).
Damit hat Europa ein wichtiges Element seiner kulturellen
und geistigen Einheit verloren. Die diesem Befund zugrunde
liegende Entwicklung ist von epochaler kultureller Bedeutung.

Die europäischen Staaten erleben derzeit eine dritte Welle
der Säkularisierung. Während die erste, durch die Reformation ausgelöste Welle den Einfluß der katholischen Kirche
einschränkte, die Einheit des Christentums beendete und der
weltlichen den Primat über die geistliche Macht einräumte,
führte die zweite Welle der Säkularisierung im 18. und
19. Jahrhundert zur Trennung von Staat und Kirche; die Wis-
senschaft emanzipierte sich von Glaubensinhalten, und die
geistliche Macht zog sich aus der Politik zurück. Die Renaissance des (auch politisch aktiven) Christentums nach dem
Zweiten Weltkrieg erwies sich – in einen größeren historischen Rahmen gesetzt – als kurzlebig. Es kam seit den sechziger Jahren zu einer religiös-kulturellen Veränderung der

europäischen Gesellschaften. Diese ist zunächst einmal gekennzeichnet von einer Säkularisierung des Alltagslebens. Das Christentum verlor in den letzten Jahrzehnten einen großen Teil seines kulturellen und ethischen Einflusses in der Lebenswelt der Europäer. Die Integration von Gesellschaften, deren offizielle Ideologie ein halbes Jahrhundert lang dezidiert areligiös war, in das westliche Staatensystem (oder im Fall Deutschlands in den westdeutschen Staat) und in Zukunft auch in die Europäische Union verstärkt diese dritte Säkularisierung. Soweit diese Gesellschaften christlich geprägt sind – wie zum Beispiel die polnische –, leistet die Integration in den Westen ihrerseits einer auch dort einsetzenden Säkularisierung Vorschub.

Auch dieser Prozeß verläuft nicht nur in einer Richtung; denn gleichzeitig nahm die religiöse Vielfalt, in der Union als ganzes wie in den einzelnen Staaten, zu. Diese Diversifizierung der Religion in den europäischen Gesellschaften und der Europäischen Union verlief in mehreren Schritten: Zu den katholischen oder konfessionell gespaltenen Ländern der Gründungsphase kamen in den siebziger Jahren protestantische (Großbritannien, Dänemark), griechisch-orthodoxe (Griechenland) und in den neunziger Jahren erneut protestantische Staaten (Skandinavien) hinzu. Diese Diversifizierung des Ganzen setzt sich spiegelbildlich in den Mitgliedstaaten fort. In den einzelnen Gesellschaften der Gemeinschaft bildeten sich durch Einwanderung und Arbeitsemigration sehr unterschiedliche christliche Denominationen und große nichtchristliche Minderheiten. Vor allem islamische Glaubensgemeinschaften gewannen im Zuge verstärkter Migrationsbewegungen (in Großbritannien, Frankreich und Deutschland zuvörderst) an Bedeutung. Ihre Mitgliederzahl steigt stetig, und ihre öffentliche Wirkung ist unübersehbar. In Deutschland liegt der Bevölkerungsanteil der Muslime mittlerweile zwischen 2,5 und 3,5 Prozent. Hinzu kommen zahllose Sekten und postchristliche Gemeinschaften. Die homogen christliche Weltanschauung in den Gesellschaften der Union ist somit weithin zerbrochen. Es bedarf nicht der Gabe der Prophetie um vorher-

zusagen, daß sich diese Entwicklung auf beiden Ebenen fortsetzen wird: Unter den Staaten, die der Union in Zukunft beitreten wollen, gibt es protestantische, atheistisch-säkulare,
orthodoxe, katholische und islamisch geprägte Bevölkerungsgruppen. Einwanderung und demographische Entwicklungen
werden zu einer weiteren Stärkung der religiösen Minderheiten führen.

Von besonderer Bedeutung ist schließlich die dritte, als Globalisierung bezeichnete Entwicklung. Die Globalisierung wurde
in Europa von der Wirtschaft und der politischen Klasse zunächst vor allem als Chance wahrgenommen. Neue Märkte
und die Möglichkeit, außerhalb Deutschlands und der EU
zu produzieren, versprachen Gewinnchancen und also wirtschaftlichen Fortschritt. Globalisierung ist allerdings kein
bloß ökonomischer Vorgang. Parallel zur wirtschaftlichen Entwicklung nähern sich auch sprachliche Ausdrucksformen und
Lebensweisen immer mehr aneinander an. Es entsteht eine
«globale» Gesellschaft. Auf den ersten Blick scheint eine solche globale Integration Formen der regionalen Integration
(wie im Falle der Europäischen Union) zu erschweren – der
Versuch, angesichts dieser Entwicklung einen abgeschlossenen
sozialen, wirtschaftlichen und politischen Raum zu bilden,
wirkt anachronistisch.

Auch die politischen und kulturellen Folgen der Globalisierung wurden zunächst eher positiv bewertet. So mancher
sprach – wirtschaftliche, soziale und kulturelle Globalisierung
zusammennehmend – von der Schaffung der *einen* Welt. Die
Idee «Europa» trat in den Hintergrund. Denn letztlich ist
auch Globalisierung eine Form der Integration – glückt die
Herstellung einer Weltgesellschaft, so scheint eine Idee wie
«Europa» provinziell. Der Kontinent würde auf die Stufe einer
bloßen Region absinken. Alsbald zeigte sich aber, daß eine
rücksichtslos marktwirtschaftliche Globalisierung auch in Europa Verlierer auf der Strecke läßt. Die wirtschaftlichen und
sozialen Veränderungen in den einzelnen Mitgliedstaaten ge-
fährdeten nicht nur die Idee von der spezifischen Form einer
europäischen Wirtschafts- und Sozialordnung, sondern sie

führten auch innerhalb der meisten europäischen Gesellschaften zur Entstehung einer sozialen, kulturellen und politischen
Peripherie. Dieses *Extreme Europe* (Stephen Barber) findet
sich in der *banlieue* von Paris, den Plattenbausiedlungen in
Berlin-Marzahn und anderen ostdeutschen Städten; es findet
sich in heruntergekommenen Stadtvierteln in mittelenglischen
Industriestädten oder in Rom.

Dabei setzte der eine Integrationsprozeß – die Globalisierung – nur fort, was der andere – die wirtschaftliche Einigung
Europas – begonnen hatte: Globalisierung wie europäische Integration sind am Leitbild einer marktwirtschaftlichen Liberalisierung orientiert und ignorierten daher die Peripherien.
Nicht nur die Globalisierung, auch die europäische Integration kostete und kostet ihren Preis. In drei melancholischen
Romanen schildert der französische Schriftsteller Jean-Claude
Izzo am Beispiel seiner Heimatstadt Marseille die sozialen
und kulturellen Folgen einer technokratischen Politik im Namen Europas. Im letzten Roman der Trilogie – *Soléa* – heißt
es: «Aus den Mündern der Abgeordneten und Technokraten
hörte man immer wieder das gleiche Schlagwort: *euromedi-
terran*. Alle, sogar gebürtige Marseiller wie unser derzeitiger
Bürgermeister, hatten ihren Blick auf Europa geheftet. Nord-
europa, versteht sich. Hauptstadt: Brüssel. Marseille hatte nur
eine Zukunft, wenn es auf seine Vergangenheit verzichtete.
Das erklärte man uns.»

Die Beispiele ließen sich fortsetzen, und das Bild dieses «pe-
ripheren Europas» würde an Schärfe gewinnen, betrachtete
man auch die Länder, deren Beitritt bevorsteht. Denn deren
wirtschaftliche und soziale Situation wird eine Vielzahl neuer
Peripherien entstehen lassen. Innerhalb der europäischen Gesellschaften entstehen und wachsen neue Trennungslinien, bilden sich Gruppen, die nicht oder kaum von den Prozessen
von Integration und Globalisierung profitieren.

Die hier skizzierten Entwicklungen und ihre politischen, sozialen und wirtschaftlichen Folgen bringen es mit sich, daß
die europäische Politik grundlegende Fragen beantworten
muß. Sie betreffen die rechtliche Gestalt Europas, vor allem

aber die Integration «nach innen». Europa muß Wege finden, seine ethnische, religiöse und soziale Vielfalt in einem Konzept der *gesellschaftlichen* Integration zusammenzuführen, ohne die Handlungsspielräume der einzelnen Gruppen einzuschränken, und es muß eine Strategie zur Integration seiner sozialen Peripherien entwickeln.

Die erste Frage betrifft die staatsrechtliche Gestalt der Europäischen Union. Diese muß unter den gegebenen Bedingungen in mehrfacher Hinsicht neu bestimmt werden. Die wirtschaftliche Integration bedarf eines neuen politischen Rahmens. Denn die Einigung des Wirtschaftsraums Europa kann in ihren Grundzügen als weitgehend abgeschlossen bezeichnet werden. Der Schwerpunkt hat sich dadurch von der wirtschaftlichen zur politischen Integration verschoben. Die Debatten um eine europäische Verfassung und das politisch-verfassungsrechtliche Ziel des Integrationsprozesses führen diese neue Schwerpunktsetzung derzeit vor Augen.

Im Vordergrund des europapolitischen Diskurses steht daher – vor allem in Deutschland, aber auch in anderen Mitgliedstaaten – die Diskussion über eine künftige europäische Verfassung. Manche Juristen weisen immer wieder darauf hin, daß Europa schon eine Verfassung habe – zumindest was den materialen Gehalt einer solchen angehe. Die Gründungsverträge der Union enthielten alle wesentlichen und notwendigen Bausteine einer Verfassungsurkunde: «Staats»-organisationsrechtliche Bestimmungen, Kompetenzverteilungen zwischen Union und Mitgliedstaaten, teils sogar Grundrechte, wenngleich nur verstreut und rudimentär. Diesem Defizit habe aber der Europäische Gerichtshof in seiner Rechtsprechung abgeholfen, und die im Dezember 2000 in Nizza feierlich proklamierte Europäische Charta der Grundrechte stelle einen weiteren Schritt auf dem Wege der Kodifizierung gemeinsamer europäischer Grundrechte dar. Was den materialen Gehalt angehe, brauche Europa somit keine Verfassung, allenfalls eine Vereinfachung der bestehenden Verträge durch eine Trennung konstitutioneller Bestimmungen von «einfachen» wirtschafts-, umwelt- oder sozialrechtlichen Regelungen.

Eine Verfassung erschöpft sich freilich nicht in ihren Inhalten. Sie ist Ausdruck der Souveränität des Volkes und des politiktheoretischen Gedankens vom «ursprünglichen Vertrag», durch den sich ein politisches Gemeinwesen konstituiert und der alles politische Handeln legitimiert. Verfassung und Verfassungsgebung haben somit auch einen vor-rechtlichen Charakter, sie «schaffen» eine politische Einheit. Eine europäische Verfassung bedeutete mithin eine erhebliche Veränderung des Selbstverständnisses der Europäischen Union. Diese wäre nicht mehr bloß das vertragliche Produkt einer Einigung von Nationalstaaten, sondern ein von einem europäischen *demos*, einem europäischen Souverän geschaffenes Gemeinwesen neuer Qualität – im Grunde ein europäischer Bundesstaat.

Welche «Natur» aber soll eine solche Union in Zukunft haben? Welche Rolle soll den Nationalstaaten verbleiben – letztlich, soll das Prinzip des Nationalstaats überwunden werden? Denn nichts anderes würde eine europäische Verfassung in ihrer Konsequenz bedeuten. Die Antwort auf diese Frage ist derzeit daher sicherlich nicht populär. Aber: Die Logik der europäischen Integration erfordert die Überwindung des Nationalstaats. Die Gründungsväter Europas waren sich dieser unausgesprochenen und in einer weiten Ferne liegenden Notwendigkeit durchaus bewußt. Die Überwindung des Nationalstaats kann aber nur als ein Prozeß gedacht werden; die Organisationsform «Nationalstaat» wird noch für lange Zeit eine – bedeutende – Rolle spielen. Die Nationalstaaten und «Europa» müssen sich, miteinander in vielfältiger Weise verschränkt, langsam zu einem neuen Konstrukt entwickeln. Joschka Fischer hat dies in seiner Rede an der Berliner Humboldt-Universität angedeutet: Es wäre «ein nicht wieder gut zu machender Konstruktionsfehler, wenn man die Vollendung der politischen Integration gegen die vorhandenen nationalen Institutionen und Traditionen und nicht unter deren Einbeziehung versuchen würde. Ein solches Unternehmen müßte unter den historisch-kulturellen Bedingungen Europas scheitern. ... Die Vollendung der europäischen Integration läßt sich erfolgreich nur denken, wenn dies auf der Grundlage

einer Souveränitätsteilung von Europa und Nationalstaat ge-
schieht.» Fischers Konzept läßt die Nationalstaaten bestehen
und erlaubt gleichzeitig deren langsame Rollenveränderung.
Die Nationalstaaten erfüllen so über einen langen Zeitraum
hinweg einen doppelten Zweck: Sie sind rechtliche und politische Einheiten *innerhalb* der organisatorischen Struktur der
Union, gleichzeitig ermöglichen sie den Bürgern eine emotionale Zuordnung. Die nationalen Identitäten werden aber im
Laufe der Zeit von der europäischen Identität überlagert werden; «allmählich können sie verblassen und zurücktreten, um
Platz zu machen für eine Nation Europa, deren Gestalt wir
heute nur undeutlich ahnen» (Hagen Schulze).

Diese «Nation Europa», die eine europäische Identität vor-
aussetzt, steht in engem Zusammenhang mit der Frage nach
den Grenzen Europas: Wie wird die geographische Gestalt der
zukünftigen Union aussehen? Tagespolitisch formuliert: Kann
die Türkei (oder irgendein islamisch geprägter Staat) Mitglied
der EU werden? Helmut Kohl und andere deutsche Politiker
haben immer wieder den «christlichen Charakter» Europas
betont – und damit implizit eine Integration islamischer Gesellschaften ausgeschlossen. Es ist allerdings fraglich, ob das
gegenwärtige Europa sich kulturell und religiös an den alten
Nationalstaaten und ihren Mehrheitsbevölkerungen orientieren kann. Das europäische Bewußtsein muß gleichermaßen
alle Gruppen – auch nichtchristliche und kulturell von den
alten Gruppen verschiedene – umfassen. Es muß mithin genuin «europäisch» sein – nicht eine Addition der nationalen
Identitäten, sondern eine Identität *sui generis*.

Das Problem ist also das der Begründung einer «europäischen Identität». Wie aber läßt sich eine solche Identität in
politischer Hinsicht begründen? Zunächst: Identität hat eine
proteische Natur, sie gleicht Proteus, dem verwandlungsfähi-
gen Gott des Meeres. Identität erscheint wie dieser Gott der
Antike in stets veränderlicher Gestalt. Kein Bürger Europas
verfügt über *eine*, ständig *gleichbleibende* Identität. In James
Joyce' 1914/15 erschienenem Roman *A Portrait of the Artist
as a Young Man* schreibt der Held des Romans, Stephen

Dedalus, als junger Schüler in sein Geographiebuch seinen Namen und seine Herkunft: «Stephen Dedalus, Class of Elements, Clongowes Wood College, Sallins, County Kildare, Ireland, Europe, The World, The Universe».

In konzentrischen Kreisen ordnen sich hier die Identitäten, sie sind dem Selbst – Stephen Dedalus – näher oder ferner. Stephen Dedalus sieht sich – ausgehend von seinem Selbst – als vielerlei, er betrachtet sich als «Bürger» kleiner und großer Gemeinschaften. Die Nation ist dabei nur *ein* Bezugspunkt. (Später wird er sich von dieser Nation sogar lossagen.) Allerdings ist sie einem jungen Iren an der Wende vom 19. zum 20. Jahrhundert näher als «Europa». Je mehr Stephen Dedalus über seine Zugehörigkeiten nachdenkt, umso komplexer und veränderlicher wird das Bild. Daß Identität nicht statisch ist, ist unverkennbar. Die Veränderung ist bereits für den Schüler, der seine Schule, seine Stadt, den Bezirk, sein Land einmal verlassen wird, absehbar. Die Möglichkeit und Wahrscheinlichkeit der Veränderung von Fakten, die Identität konstituieren, ist jedermann bewußt. Stephen Dedalus weiß dies ebenso wie der Leser von Joyce' Roman. Das Bild läßt sich weiter verkomplizieren: Zur Zugehörigkeit zu örtlicher Herkunft, Nation und politischer Gemeinschaften gesellen sich länderübergreifende Organisationen, Klassen, Religionsgemeinschaften und viele andere Zugehörigkeiten. Diese Identitäten haben zu unterschiedlichen Zeiten und in verschiedenen Lebensabschnitten und Lebensinhalten wechselnde Bedeutung. Eine Vielzahl von Identitäten formt ein Muster, das sich ständig verändert.

Dieses Muster ist auch Einflüssen von außen zugänglich. Das gilt auch für die «europäische Identität». Der bewußt unternommene Versuch, eine *neue* Identität zu stiften oder ein bis dahin vages Zugehörigkeitsgefühl zu stärken, ist allerdings mühsam und langwierig. Dies gilt auch für eine Identität, die auf einer politisch-kulturellen Organisation beruht. Die Entstehung von politisch-kulturellen Organisationsformen auf der einen, Mentalitäten und Haltungen, die Identitäten formen und zum Teil Lebenserfahrung werden, auf der anderen Seite, ist daher ungleichzeitig. Dies kennzeichnete schon den Prozeß der Nationenbildung – vor allem die «bewußt» herbeigeführten Nationenbildungen des 19. Jahrhunderts. Zwei Anekdoten mögen dies zunächst einmal illustrieren: Der erste Einiger Italiens, der piemontesische Ministerpräsident Graf Camillo Cavour, sagte, nun, da es gelungen sei, Italien zu schaffen, müsse man daran gehen, auch Italiener zu erschaffen. Und nach dem deutsch-französischen Krieg von 1870/71 propagierten französische Politiker das Ziel, aus «Bauern Franzosen zu machen». In beiden Fällen – und die Reihe ließe sich auch hier fortsetzen – war die Bildung der nationalen Identität ein «künstlicher», kein natürlicher Prozeß. Die Verschiebung der Identität – das Bewußtwerden der Zugehörigkeit zu einer Nation (statt zu einer Region oder einer lokalen Gemeinschaft) – erfolgte mithilfe einer Reihe von Institutionen. Deren prominenteste waren die Schule und die Armee. Vor allem die Armee brachte verschiedene Bevölkerungsgruppen zusammen, sie ebnete Unterschiede ein. Sie lehrte die Bürger, einen größeren politischen Zusammenhang zu akzeptieren. Die Schule wiederum lehrte die «gemeinsame» Geschichte, eine einheitliche Sprache und die Regeln des gemeinsamen politischen Systems. Aber auch die Literatur und die Geschichtsschreibung formten das Bewußtsein, «englisch», «französisch» oder «italienisch» zu sein. So vermittelte die französische Literatur des 19. Jahrhunderts in den großen Romanen Balzacs, Stendhals und Flauberts die Gemeinsamkeit der Erfahrungswelt der Franzosen; Jane Austen, Anthony Trollope und Thomas Hardy leisteten ähnliches für die *englishness*; Manzoni «übersetzte» seinen zwischen 1821 und 1823 entstandenen Roman *Die Verlobten* (*I promessi sposi*) aus dem lombardischen Dialekt mühsam in die toskanische Schriftsprache, um der entstehenden Nation ein Gefühl der Zusammengehörigkeit zu vermitteln. Damit übernahm er eine für den Prozeß der Nationsbildung wichtige Aufgabe. Die Literatur zeichnet die Nation als ein «narratives System», «als die Gesamtheit aller Geschichten, die darin passieren können» (Franco Moretti).

Anknüpfend an die Ursprünge der europäischen Integration liegt die in der Gegenwart wichtigste, Identität bildende Gemeinsamkeit in der Sozial- und Wirtschaftsordnung, in der Behauptung des seit dem Zweiten Weltkrieg entstandenen sozialen Wertesystems. Dieses Wertesystem gewinnt an Überzeugung in einer *gemeinsamen* Teilhabe an der Globalisierung, die eine Verteidigung europäischer (sozialpolitischer) Vorstellungen umfaßt. Die Globalisierung wirkt damit der europäischen Integration nicht nur nicht entgegen, sondern sie fördert sie geradezu. Denn Europa benötigt ein Integrations*projekt*, ein gesellschaftliches und politisches Ideal, das mit dem Integrations*prozeß* verknüpft ist. Die Vermeidung von Krieg war ein solches Ideal; die Abwesenheit bewaffneter Auseinandersetzungen in Europa gilt jedoch heute weithin als selbstverständlich. Die Bewahrung des sozialen Antlitzes Europas könnte eine solche positive Vision Europas sein – eine Idee, die der französische Premierminister Lionel Jospin zum Ausdruck brachte, als er im Mai 2001 seine europapolitischen Vorstellungen formulierte. In der Ablehnung einer radikalen Differenzierung der sozialen Gruppen innerhalb der europäischen Gesellschaften zeigt sich eine spezifisch europäische Reaktion auf die Veränderungen. Die Verabschiedung der europäischen Sozialcharta war ein erster Versuch, eine genuin europäische Grundlage für Politik zu formulieren. Da eine (zukünftige) europäische Sozialpolitik der Integration «nach innen» dient, führt eine solche Besinnung auf europäische Traditionen und Vorstellungen auch nicht zu einer negativen Abgrenzung nach außen, wie sie mit der Bildung der nationalen Identitäten einherging.

Die soziale und damit letztlich «kulturelle» Definition von Europa zeigt, wie Gemeinsamkeiten in der Politik dargestellt werden können. Sie müssen aber auch symbolisiert werden. Der Ausgangspunkt ist dabei die Unterschiedlichkeit. Europa kann seine gemeinsame Kultur verdeutlichen, indem es die Unterschiede der nationalen kulturellen Entwicklungen nicht einebnet, sondern diese Unterschiedlichkeit als charakteristisch europäisch begreift. Die von dem österreichischen

Künstler Robert Kalina entworfenen Euro-Banknoten sym-
bolisieren diese «unterschiedliche Gemeinsamkeit»: Die klassischen, romanischen, gotischen, barocken oder modernen
Bauwerke, die die Geldscheine zieren, sind als typisch für ihre
Epoche und für Europa zu erkennen; da jedes Bauwerk fiktiv,
aber für den Stil typisch ist, kann es keiner einzelnen nationalen Kultur zugerechnet werden. In einem kleinen Beispiel
ist hier vorgeführt, was Manzoni versuchte, als er seinen Roman aus der lombardischen Mundart in die als «allgemein»
verstandene Sprache Italiens übersetzte. In politischer Kon-
kretisierung, in Symbolen und Verdeutlichungen kann sich
parallel zu den verfassungsrechtlichen Entwicklungen eine
Idee der Gemeinsamkeit herausbilden. Daß dies ein langwie-
riger Prozeß ist, versteht sich von selbst: Die Bedeutung der
europäischen Identität wird nur langsam wachsen. Viele neue
symbolische Formen müssen sie sichtbar machen. Einige solche Symbole existieren bereits. Die Europäische Union verfügt
über eine Fahne, deren Bedeutung sich – wie die der Symbole
anderer politischer Gemeinschaften – im Laufe der Zeit veränderte. Heute symbolisiert der Kranz der zwölf Sterne die
Einheit Europas, unabhängig von der Zahl der Mitgliedstaaten. Und die Europahymne, Beethovens Vertonung von Schil-
lers *Ode an die Freude*, drückt die Überwindung staatlicher
und gesellschaftlicher Grenzen aus, sie preist den Zustand von
Frieden in Europa.

Der Gründungsprozeß Europas war geprägt von einem
Rückgriff auf die Vergangenheit als einem Gegenbild zur
Wirklichkeit der unmittelbaren Nachkriegszeit. Dieser Blick
gab Europa eine geistige Form, aber schon damals war der
wichtigste Aspekt die Sicherung des Friedens für die Zukunft.
Heute haben sich die Voraussetzungen der Integration fun-
damental geändert. Europa tritt in eine Phase der inneren
Integration, der Vertiefung und der Erweiterung. Europa bedarf erneut, wie am Ende des Zweiten Weltkrieges, der Entdeckung.

Zeittafel

1950   Der französische Außenminister Robert Schuman schlägt die Bildung einer Montanunion vor, durch die die «strategischen Ressourcen» Kohle und Stahl unter gemeinschaftliche europäische Verwaltung gestellt werden sollen.

1952   Der Pariser Vertrag (unterzeichnet am 18. April 1951) über die Europäische Gemeinschaft für Kohle und Stahl (EGKS) zwischen Belgien, Frankreich, Deutschland, Italien, Luxemburg und den Niederlanden (den «Sechs») tritt in Kraft.

1954   Der Vertrag zur Schaffung der Europäischen Verteidigungsgemeinschaft wird durch die Nationalversammlung in Paris zurückgewiesen.

1958   Die Römischen Verträge (unterzeichnet am 27. März 1957) zur Gründung der Europäischen Wirtschaftsgemeinschaft (EWG) und der Europäischen Atomgemeinschaft (EAG oder auch «Euratom») treten in Kraft.

1966   Nachdem Frankreich aufgrund des Streites über die Gemeinsame Agrarpolitik die Europäischen Institutionen durch die «Politik des leeren Stuhls» praktisch handlungsunfähig gemacht hat, legt der Luxemburger Kompromiß fest, daß bei besonders kontroversen Fragen immer der Konsens gesucht werden soll. *De facto* etabliert sich ein Veto-Recht jedes Mitgliedstaats, sofern dieser «vitale nationale Interessen» geltend macht.

1967   Durch den Fusionsvertrag werden die Organe der drei Europäischen Gemeinschaften (EWG, Euratom und EGKS) miteinander vereint.

1968   Die Zollunion wird verwirklicht.

1973   Großbritannien, Irland und Dänemark treten den Europäischen Gemeinschaften bei.

1973   Formell außerhalb des Rahmens der Gemeinschaften und zunächst noch ohne vertragliche Grundlage wird die Koordination der Außenpolitik der Mitgliedstaaten im Rahmen der Europäischen Politischen Zusammenarbeit (EPZ) begonnen.

1974   Regelmäßige Treffen der Staats- und Regierungschefs der Mitgliedstaaten werden unter dem Titel «Europäischer Rat» aufgenommen. Eine vertragliche Grundlage erhält der Europäische Rat erst mit der Einheitlichen Europäischen Akte (1986).

1975   Durch das erste von mehreren Lomé-Abkommen werden 58 Staaten des afrikanisch-karibisch-pazifischen Raumes (AKP-Staaten) als «assoziierte Mitglieder» Handelsprivilegien eingeräumt.

1979   Zum ersten Mal wird das Europäische Parlament von den Bürgern der Gemeinschaftsstaaten direkt gewählt.

1979   Durch das Europäische Währungssystem (EWS) sollen stabile Wechselkurse zwischen den Gemeinschaftsländern erreicht werden. Dazu wird die Europäische Währungseinheit (ECU) eingeführt.

1981   Griechenland tritt den Gemeinschaften bei.

1986   Spanien und Portugal treten den Gemeinschaften bei.

1987   Mit der Einheitlichen Europäischen Akte (EEA), unterzeichnet am 28. Februar 1986, tritt ein umfassendes Reformprogramm der Europäischen Gemeinschaft in Kraft. Der bedeutendste Forschritt besteht in der Verwirklichung des Europäischen Binnenmarktes bis Ende 1992.

1990   Mit der Vereinigung Deutschlands werden automatisch auch die neuen Bundesländer in die Europäische Gemeinschaft integriert.

1993   Mit dem Inkrafttreten des Maastrichter Vertrags (unterzeichnet am 7. Februar 1992) wird die Europäische Union als institutionelles «Dach» der weiterbestehenden Gemeinschaften (EG, Euratom, EGKS) begründet. Als ergänzende «Säulen» der Union werden eine Gemeinsame Außen- und Sicherheitspolitik (GASP) und eine Zusammenarbeit in den Bereichen Justiz und Inneres (ZBJI) neu eingeführt. Daneben bildet die Währungsunion die wichtigste Neuerung des Vertrags.

1995   Finnland, Schweden und Österreich treten der Europäischen Union bei.

1998   Die Europäische Union nimmt Beitrittsverhandlungen mit Polen, Ungarn, der Tschechischen Republik, Slowenien und Zypern auf.

1999   Die im Maastrichter Vertrag beschlossene Währungsunion tritt in Kraft.

1999   Mit der Agenda 2000 werden die Gemeinschaftspolitiken (insbesondere die Agrar- und die Strukturpolitik) reformiert. Die Union soll damit auf die Erweiterung vor allem um strukturschwache osteuropäische Staaten vorbereitet werden.

1999   Durch den Vertrag von Amsterdam (unterzeichnet am 2. Oktober 1997) wird das Maastrichter Vertragswerk überarbeitet. Weite Teile der ZBJI werden «vergemeinschaftet» und in den Anwendungsbereich des EG-Vertrages überführt.

2000   Die Union nimmt Beitrittsverhandlungen mit Rumänien, Bulgarien, der Slowakei, Litauen, Lettland und Malta auf. Die Türkei wird offiziell als Beitrittskandidat anerkannt.

2001   Mit der Unterzeichnung des Vertrags von Nizza am 26. Februar soll die Union auf die Erweiterung vorbereitet werden. Dazu werden insbesondere die Entscheidungsmechanismen reformiert.

2002   Mit der Einführung von Euro-Bargeld ist die letzte Stufe der Währungsunion erreicht.

Abkürzungen

ADR	Ausschuß der Regionen
AKP-Staaten	Staaten Afrikas, der Karibik und des Pazifiks
BIP	Bruttoinlandsprodukt
EAG	Europäische Atomgemeinschaft
ECU	European Currency Unit (Europäische Rechnungseinheit)
EEA	Einheitliche Europäische Akte
EFTA	European Free Trade Association (Europäische Freihandelszone)
EG	Europäische Gemeinschaft
EGKS	Europäische Gemeinschaft für Kohle und Stahl (Montanunion)
EGV	Vertrag zur Gründung der Europäischen Gemeinschaft
EP	Europäisches Parlament
EPG	Europäische Politische Gemeinschaft
EPZ	Europäische Politische Zusammenarbeit
ESZB	Europäisches System der Zentralbanken
EU	Europäische Union
EUGH	Europäischer Gerichtshof
Euratom	s. EAG
EUV	Vertrag über die Europäische Union
EVG	Europäische Verteidigungsgemeinschaft
EWG	Europäische Wirtschaftsgemeinschaft
EWGV	Vertag über die Europäische Wirtschaftsgemeinschaft
EWI	Europäisches Währungsinstitut
EWR	Europäischer Wirtschaftsraum
EWS	Europäisches Währungssystem
EZB	Europäische Zentralbank
FPÖ	Freiheitliche Partei Österreichs
GAP	Gemeinsame Agrarpolitik
GASP	Gemeinsame Außen- und Sicherheitspolitik
GEI	Gericht erster Instanz
KSZE	Konferenz für Sicherheit und Zusammenarbeit in Europa
NATO	North Atlantic Treaty Organization (Nordatlantikpakt)
OEED	Organization of European Economic Cooperation (Organisation für Europäische Wirtschaftliche Zusammenarbeit)
ÖVP	Österreichische Volkspartei

OPEC	Organization of the Petroleum Exporting Countries (Organisation Erdölexportierender Länder)
PSK	Politisches und Sicherheitspolitisches Komitee
WEU	Westeuropäische Union
WSA	Wirtschafts- und Sozialausschuß
WWU	Wirtschafts- und Währungsunion
ZBJI	Zusammenarbeit in den Bereichen Justiz und Inneres

Die Institutionen der Europäischen Union

Institution	Zusammensetzung, Bestellung	Wichtige Aufgaben und Befugnisse
Europäischer Rat (ER)	Staats- und Regierungschefs der Mitgliedstaaten, Präsident der Europäischen Kommission (beratend)	– Festlegung der allgemeinen Leitlinien für die Entwicklung der Union – Erarbeitung der Grundsätze und Leitlinien sowie Gemeinsamer Strategien im Rahmen der GASP

Die Gemeinschaftsorgane

Institution	Zusammensetzung, Bestellung	Wichtige Aufgaben und Befugnisse
Europäisches Parlament (EP)	535 in den Mitgliedstaaten nach einem Länderverteilungsschlüssel direkt gewählte Abgeordnete	– Gesetzgebung in Zusammenarbeit mit dem Rat (nach Materien abgestufte Beteiligungsrechte) – Haushaltsrecht (zusammen mit dem Rat) – Kontrolle der Tätigkeit von Rat und Kommission
Rat der Europäischen Union (Ministerrat) (RAT)	Vertreter der Regierungen der Mitgliedstaaten (zuständige Fachminister) Unterstützung durch einen Generalsekretär und Hohen Beauftragten für die GASP	– Gesetzgebung (zum Teil in Zusammenarbeit mit dem EP) – Beteiligung an der Durchführung der Rechtsakte – Koordination der Mitgliedstaaten – Erarbeitung Gemeinsamer Standpunkte und Aktionen im Rahmen der GASP – Außenvertretung der Union (zusammen mit der Kommission)
Europäische Kommission (KOM)	ein (bzw. zwei) Kommissar(e) je Mitgliedstaat; «politische Führung» durch den Kommissionspräsidenten; mehrstufiges Ernennungsverfahren:	– Initiativmonopol für Rechtsakte im Bereich der Europäischen Gemeinschaften – Durchführung der Rechtsakte (zum Teil zusammen mit dem Rat)

Institution	Zusammensetzung, Bestellung	Wichtige Aufgaben und Befugnisse
	– Nominierung des Präsidenten durch den Rat (qualifizierte Mehrheit) und Bestätigung durch das Parlament – Benennung der übrigen Kommissare im Einvernehmen zwischen Rat und designiertem Präsidenten – Zustimmung des Parlaments – Ernennung der Kommission durch den Rat (qualifizierte Mehrheit)	– «Beteiligung» an der GASP – Außenvertretung der Union (zusammen mit dem Rat)
Europäischer Gerichtshof (EUGH) Gericht Erster Instanz (GEI)	EUGH: ein Richter je Mitgliedstaat, acht Generalanwälte GEI: mind. ein Richter oder Generalanwalt je Mitgliedstaat Benennung durch die Regierungen der Mitgliedstaaten im gegenseitigen Einvernehmen	– Wahrung des Rechts durch Auslegung der Verträge
Europäischer Rechnungshof (EuRH)	ein Angehöriger je Mitgliedstaat Benennung durch den Rat (qualifizierte Mehrheit)	– Haushalts- und Rechnungsprüfung

Beratende Institutionen

Wirtschafts- und Sozialausschuß (WSA)	222 Vertreter «der verschiedenen Gruppen des wirtschaftlichen und sozialen Lebens» nach einem Länderverteilungsschlüssel vom Rat ernannt (qualifizierte Mehrheit)	– Anhörungsrecht bei bestimmten Rechtsetzungsverfahren – Abgabe von Stellungnahmen
Ausschuß der Regionen (ADR)	222 Vertreter der regionalen und lokalen Gebietskörperschaften nach einem Länderverteilungsschlüssel vom Rat ernannt (qualifizierte Mehrheit)	– Anhörungsrecht bei bestimmten Rechtsetzungsverfahren – Abgabe von Stellungnahmen

Stand nach den Regelungen des Vertrags von Nizza für 15 Mitgliedstaaten (in Kraft ab 2004). Nicht aufgeführt sind die autonomen Einrichtungen der Union (Europäische Investitionsbank, Europäische Zentralbank, Europol und Eurojust).

Mitgliedstaaten der EU und Beitrittskandidaten

	Fläche Tsd. km^2	Bevölkerung Mio.	BIP je Einwohner €	% des EU-Durchschnitts	EP-Abgeordnete	Stimmen im Ministerrat	Mitglieder in ADR und WSA
Belgien*	31	10,2	23 446	111	22	12	12
Dänemark	43	5,3	25 026	118	13	7	9
Deutschland*	357	82,1	22 712	107	99	29	24
Finnland*	338	10,0	21 442	101	13	7	9
Frankreich*	544	58,7	20 861	99	72	29	24
Griechenland*	132	10,5	14 198	67	22	12	12
Großbritannien	242	59,0	21 598	102	72	29	24
Irland*	69	3,7	24 133	114	12	7	9
Italien*	301	57,6	21 158	100	72	29	24
Luxemburg*	3	0,4	38 773	183	6	4	6
Niederlande*	41	15,6	23 838	113	25	13	12
Österreich*	84	8,1	23 484	111	17	10	12
Portugal*	92	10,0	16 065	76	22	12	12
Schweden	411	8,8	21 620	102	18	10	12
Spanien*	505	39,3	17 319	82	50	27	21
EU-15	3 191	376,5	21 131	100	…	…	…
Beitrittskandidaten							
Bulgarien	111	8,2	4 700	22	17	10	12
Estland	45	1,4	7 800	37	6	4	7
Lettland	65	2,4	5 800	27	8	4	7
Litauen	65	3,7	6 200	29	12	7	9
Malta	0,3	0,4	8 800	42	5	3	5
Polen	313	38,6	7 800	37	50	27	21
Rumänien	238	22,5	5 700	27	33	14	15
Slowakei	49	5,4	10 300	49	13	7	9
Slowenien	20	2,0	15 000	71	7	4	7
Tschech. Republik	79	10,3	12 500	59	20	12	12
Ungarn	93	10,1	7 800	37	20	12	12
Zypern	9	0,7	17 100	81	6	4	6
EU-27	4 278	482,2	…	…	732	345	344
Türkei	775	64,3	5 900	28	n. f.**	n. f.**	n. f.**
EU-28	5 053	546,5	16 760	79	…	…	…

*) Mitglied der Euro-Zone   **) nicht festgelegt

Alle Daten von 1999. Quelle: Eurostat (Hg.), *Yearbook 2001. The Statistical Guide to Europe*, Brüssel 2001. Alle Angaben zu den Institutionen nach dem Vertrag von Nizza.

Literaturhinweise

Die *vertraglichen Grundlagen* der Europäischen Union sind in verschiedenen Ausgaben erhältlich und auch im Internet einzusehen (unter anderem unter: http://europa.eu.int/eur-lex/de/treaties/index.html). Den aktuellen Stand nach Nizza mit den konsolidierten Fassungen der Gründungsverträge enthält auch: *Der Vertrag von Nizza. Text und Kommentar*; einschließlich der konsolidierten Fassung des EUV und des EGV sowie des Textes der EU-Charta der Grundrechte, Baden-Baden [u.a.] 2001. Eine erste Analyse des Vertragswerkes von Nizza findet sich in: Werner Weidenfeld: *Nizza in der Analyse*, Gütersloh 2001.

Einen detaillierten Überblick über Geschichte, Rechtsordnung, Institutionen und Entscheidungsverfahren, Politikfelder und den Zusammenhang von Vertiefung und Erweiterung bietet: Dietmar Herz (Hg.): *Die Europäische Union. Politik, Recht und Wirtschaft*, Frankfurt a.M. [2]2000; jüngst auch Jürgen Hartmann: *Das politische System der Europäischen Union. Eine Einführung*, Frankfurt a.M. 2001. Einen rechtswissenschaftlichen Ansatz zur Darstellung des Themas wählen Matthias Pechstein/Christian Koenig: *Die Europäische Union*, Tübingen [3]2000. In englischer Sprache liegt eine umfassende Gesamtdarstellung des politischen Systems der Europäischen Union vor: Neill Nugent: *The government and politics of the European Union*, Basingstoke [4]1999.

Versuche, *das Phänomen «europäische Integration»* theoretisch und konzeptionell zu erfassen, sind zahlreich. Theoretische Aufsätze und Politikfeldanalysen enthält: Markus Jachtenfuchs/Beate Kohler-Koch (Hg.): *Europäische Integration*, Stuttgart 1996. Ausführlicher beschäftigen sich mit dem selben Thema Edgar Grande/Markus Jachtenfuchs: *Wie problemlösungsfähig ist die EU? Regieren im europäischen Mehrebenensystem*, Baden-Baden 2000. Die Frage der Effizienz und Legitimität europäischen Regierungshandelns thematisiert Fritz W. Scharpf: *Regieren in Europa. Effektiv und demokratisch?*, Frankfurt a.M./New York 1999. Das Verhältnis von Nationalstaat und Europäischer Union analysiert Richard Münch: *Das Projekt Europa. Zwischen Nationalstaat, regionaler Autonomie und Weltgesellschaft*, Frankfurt a.M. [2]1995.

Über die *Geschichte* der europäischen Integration gibt es im deutschen Sprachraum noch keine Gesamtdarstellung. Die Anfänge der europäischen Integration bis zu den Römischen Verträgen beleuchtet Wilfried

Loth: *Der Weg nach Europa. Geschichte der europäischen Integration 1939–1957*, Göttingen ³1996. In englischer Sprache gibt es gute historische Überblicksdarstellungen zum Integrationsprozeß unter anderem von Derek W. Urwin: *The Community of Europe. A History of European Integration Since 1945*, London ²1997, und von Peter M. Stirk: *A History of European Integration Since 1914*, London 2001.

Mit der *Osterweiterung* der EU und deren Rückwirkungen auf die Union beschäftigen sich unter anderem Jürgen Backhaus/Dieter Cassel (Hg.): *Europäische Integration als ordnungspolitische Gestaltungsaufgabe. Probleme der Vertiefung und Erweiterung der Europäischen Union*, Berlin 1998, sowie Eric von Breska: *Kosten, Nutzen und Chancen der Osterweiterung für die Europäische Union*, Gütersloh 1998.

Eine einführende Überblicksdarstellung zu den Hintergründen, Grundgedanken und Auswirkungen der *Währungsunion* bietet Thilo Sarrazin: *Der Euro. Chance oder Abenteuer?*, Bonn ²1998.

Zur *Außenpolitik* der Europäischen Union finden sich Aufsätze in einem Sammelband von Klaus Schubert/Gisela Müller-Brandeck-Bocquet (Hg.): *Die Europäische Union als Akteur der Weltpolitik*, Opladen 2000.

Register